Franz Steindachner

Reise der österreichischen Fregatte Novara um die Erde

Zoologischer Teil - 1. Band (Amphibien)

Franz Steindachner

Reise der österreichischen Fregatte Novara um die Erde

Zoologischer Teil - 1. Band (Amphibien)

ISBN/EAN: 9783956560811

Auflage: 1

Erscheinungsjahr: 2013

Erscheinungsort: Bremen, Deutschland

@ weitsuechtig in Access Verlag GmbH. Alle Rechte beim Verlag und bei den jeweiligen Lizenzgebern.

weitsuechtig

REISE
DER
ÖSTERREICHISCHEN FREGATTE NOVARA
UM DIE ERDE
IN DEN JAHREN 1857, 1858, 1859
UNTER DEN BEFEHLEN DES COMMODORE
B. VON WÜLLERSTORF-URBAIR.

ZOOLOGISCHER THEIL.
ERSTER BAND.
AMPHIBIEN
BEARBEITET
Dr. FRANZ STEINDACHNER,
ASSISTENTEN AM K. K. ZOOLOGISCHEN MUSEUM, CORRESPONDIRENDEM AUSWÄRTIGEN MITGLIEDE DER KÖNIGLICHEN AKADEMIE DER WISSENSCHAFTEN ZU LISSABON etc.

MIT V TAFELN.

Herausgegeben im Allerhöchsten Auftrage unter der Leitung der kaiserlichen Akademie der Wissenschaften.

AMPHIBIEN.

BEARBEITET VON

DR. FRANZ STEINDACHNER,

ASSISTENTEN AM K. K. ZOOLOGISCHEN MUSEUM, CORRESPONDIRENDEM AUSWÄRTIGEN MITGLIEDE DER KÖNIGLICHEN AKADEMIE
DER WISSENSCHAFTEN ZU LISSABON etc.

MIT V TAFELN.

CLASSE
AMPHIBIEN ODER LURCHE.

Bearbeitet von Dr. Franz Steindachner.

Die während der Weltumseglung Seiner Majestät Fregatte Novara von den Herren Ritter v. Frauenfeld und Zelebor gemeinschaftlich in den Tropengegenden Amerika's, Asiens, im südlichen Theile von Afrika, so wie endlich in der Umgebung von Sydney gesammelten Amphibien gehören ausschliesslich der Abtheilung der Froschlurche *(Anura sive Batrachia salientia)* an, und ich ordnete dieselben nach dem, von Dr. Albert Günther in seinem vortrefflichen Werke: „Catalogue of the Batrachia salientia of the British Museum" entwickelten Systeme mit einigen wenigen Abänderungen.

Dr. Leopold Fitzinger veröffentlichte bereits vor seinem Abgange von Wien in den Sitzungsberichten der Kaiserlichen Akademie der Wissenschaften, Band 42, Jahrgang 1861, ein Namensverzeichniss eben dieser Froschlurche nach seinem, im Geiste Oken's entwickelten, und im Jahre 1848 publicirten Systeme; doch konnte ich mich nicht entschliessen, letzterem zu folgen, und sah mich nicht selten genöthigt, Dr. Fitzinger's wohl nur provisorische Bestimmungen zu ändern, will jedoch sämmtliche von diesem Herpetologen gewählte Artnamen an betreffender Stelle citiren und demselben das Prioritätsrecht bezüglich der wenigen, als neu erkannten Arten und Geschlechter gewissenhaft wahren, wenngleich letztere nur dem Namen nach bekannt gemacht wurden.

ORDNUNG
ANURA SIVE BATRACHIA SALIENTIA.

SUBORDNUNG I. AGLOSSA.
Zungenlose Froschlurche.

I. SERIE. AGLOSSA HAPLOSIPHONA.
Zungenlose Froschlurche mit nur einer Pharyngeal-Mündung der Gehörtuben.

FAMILIE
DACTYLETHRIDAE.

Char. Zähne im Oberkiefer. Gehörtuben mit einer gemeinsamen Pharyngeal-Mündung. Querfortsätze des Sacralwirbels breit, plattgedrückt.

Duméril und Bibron vereinigen sämmtliche, sogenannte zungenlose Anura in eine einzige Familie, in die der *Pipaeformia*; da aber bei der einzigen bis jetzt bekannten Art der Gattung *Pipa*, welche dem südlichen Amerika angehört, der Mund völlig zahnlos ist, so halte ich es in Übereinstimmung mit Dr. Günther für angemessen, die mit Oberkieferzähnen versehenen *Xenopus*- oder *Dactylethra*-Arten Afrika's von jener als dem Repräsentanten einer eigenen Familie zu trennen.

Gatt. XENOPUS WAGLER.
(*Bufo* spec. Daud.; *Leptopus* spec. Mayer; *Dactylethra* Cuv.)

Char. Kopf flach, am vorderen Ende abgerundet; Gaumen zahnlos; Tympanum unter der Kopfhaut verborgen; keine Parotiden; Finger zugespitzt, frei; Zehen zugespitzt, mit einer weiten Schwimmhaut versehen; die drei ersten Zehen mit hornigen, zugespitzten Nägeln bewaffnet.

Art XENOPUS LAEVIS spec. Daud.

Syn. *Bufo laevis* Daud. — *Pipa bufonia* Meer. — *Leptopus oxydactylus* Mayer. — *Xenopus Boiei* Wagl., Fitz. — *Dactylethra Boiei* Tsch. — *Dactylethra capensis* Cuv., Dum., Bibr.

Char. Kopf stark deprimirt, oval; vorderer Schnauzenrand bei jungen Individuen etwas zugespitzt, bei älteren mehr gerundet; in der Regel ein röhrchenähnlicher Anhang am unteren Augenrand; Vorsprung des ersten kahnförmigen Knochens mässig entwickelt, ohne nagelähnlichen schwarzen Hornüberzug; Auge grösser als bei X. Mülleri.

Man nahm bisher an, dass *X. laevis* keinen häutigen tubusähnlichen Anhang am unteren Augenrande und keinen tuberkelförmigen Vorsprung am Metatarsus besitze und unterschied hiedurch zum Theile diese Art von *X. Mülleri* Pet. (s. Günth. Catal. p. 2). An den von mir untersuchten fünf Exemplaren des Wiener Museums aber finde ich mit Ausnahme des kleinsten von 1″ 10‴

Körperlänge sowohl ein röhriges Augententakel als auch (bei sämmtlichen Exemplaren) einen deutlich entwickelten Vorsprung unter der Basis der ersten Zehe, welcher übrigens bei den Weibchen, die mit Anusklappen versehen sind, fast durchgängig etwas stärker ausgebildet ist als bei den Männchen, und nicht die geringste Spur eines hornigen, stachelförmigen Überzuges zeigt. Einer der Unterschiede zwischen *X. laevis* und *X. Mülleri* wäre somit in dem Mangel oder in dem Vorhandensein eines hornigen Überzuges am Hakenvorsprunge zu suchen; eben so viel Gewicht dürfte vielleicht auch auf die Abweichungen in der Körpergestalt und Grösse der Augen zu legen sein.

Herr Prof. Aug. Duméril hatte die Güte, mir ein Exemplar von *X. Mülleri* Pet. zur Ansicht einzusenden, und ich finde bei diesem, verglichen mit gleich grossen Exemplaren von *X. laevis*, die Oberseite des Kopfes mehr gewölbt, die Schnauze bedeutend stärker und zwar in einem weiten Bogen abgerundet, die Augen auffallend kleiner und vielleicht auch die Hornstacheln an den drei ersten Zehen schmäler und mehr zugespitzt als bei *X. laevis*. Aus diesen Gründen halte ich im Gegensatze zu Dr. Gray's Ansicht und in Übereinstimmung mit Prof. Peters erstere Art für specifisch verschieden von letzterer.

Die Kopfform ist bei *X. laevis* nach dem Alter verschieden, bei jungen Individuen in der Regel stark in die Länge gezogen, bei älteren mehr abgerundet. Während bei ersteren die Schnauze ziemlich zugespitzt endigt und an Länge häufig 2—1½ Augendiametern gleicht, finde ich sie bei Exemplaren von 3″ 5‴—3″ Körperlänge nur von der Länge eines Auges, und mässig abgerundet. Nach der Körperzeichnung gehören unsere vier Individuen drei Varietäten an. Bei der ersten Varietät läuft über die Mittellinie des Rückens ein heller Längsstreif, welcher von zwei paarigen braunen Binden umgeben ist; die innere derselben ist breit, scharf ausgeprägt, am Rande dunkler gefärbt als in der Mitte und zart schwärzlich punktirt. Von dieser Binde löste sich übrigens an einem Exemplare in der Steissgegend ein grosser rundlicher Fleck ab. Die äussere Binde liegt zum Theil an den Seiten des Rumpfes und ist nur schwach entwickelt. — Bei der zweiten Varietät ist der Rücken mit dunkelbraunen, zarten Marmorirungen nach Art eines weitmaschigen Netzes überzogen; bei der dritten Varietät endlich verdrängen die Marmorirungen die hellere bräunlichgraue Grundfarbe bis auf einige wenige runde Flecken.

Das grösste unserer Exemplare misst 3″ zwischen der Schnauzenspitze und der Aftermündung; die Länge der hinteren Extremitäten beträgt an demselben 3″ 7‴, die der vorderen 1″ 3¼‴. Die beiden Naturforscher der Novara-Expedition sammelten auch eine beträchtliche Anzahl von Larvenformen, welche genau mit *Silurana intertropicalis* Gray übereinstimmen, höchst wahrscheinlich aber zu *X. laevis* gehören, in deren Gesellschaft sie gefangen wurden. — Vom Cap der guten Hoffnung; in vier Exemplaren.

FAMILIE
PIPIDAE GÜNTH.

Char. Oberkiefer zahnlos, Eustachische Tuben mit einer gemeinsamen Gaumenmündung, Querfortsätze des Sacralwirbels breit, platt.

Gatt. PIPA LAUR.

Syn. *Leptodactylus* sp. Mayer. — *Asterodactylus* Wagl.

Char. Kopf dreieckig, kurz, breit, plattgedrückt; Tympanum verborgen, keine Ohrdrüsen; Finger frei, an der Spitze mit sternförmigen Anhängen; Zehen mit Schwimmhäuten.

Art PIPA AMERICANA Laur.

Syn. *Bufo s. Pipa americana* Seba. — *Rana pipa* Lin. — *Itana dorsigera* Schn. — *Pipa curucuru Asterodactylus pipa* Wagl., Tsch.

Bei den drei völlig erwachsenen Männchen, die das Wiener Museum nebst einem Weibchen schon seit länger als 35 Jahren besitzt, finden sich am Rücken zwei paarige Reihen grösserer, mit Stacheln besetzter Warzen vor, die bald sehr stark, bald nur schwach entwickelt sind. Die mittlere Reihe beginnt bei drei Exemplaren unmittelbar am oberen Augenrand, bei einem vierten etwas hinter dem Auge und zieht, am Hinterhaupte und Vorderrücken einen nach aussen stark gekrümmten Bogen bildend, sodann aber convergirend, bis in die Steissgegend. Die äussere Stachelreihe beginnt in der Schultergegend oder in der Nähe des Mundwinkels und erstreckt sich bis zur Lendengegend. An der Bauchseite lauft quer über die Kehle ein schwarzer Strich, von dessen Mitte ein Längenast bis zum After sich fortsetzt. Rücken- und Bauchseite sind bräunlich oder grau und mit helleren, zuweilen auch noch mit einigen dunkelbraunen, fast schwärzlichen Flecken besetzt. — Fundorte: Surinam und Brasilien. Die grossen Exemplare aus Brasilien wurden bei Mattogrosso im Moraste Pirizal von Joh. Natterer gesammelt. Ein ganz junges Exemplar durch Herrn Zelebor.

SUBORDNUG II. PHANEROGLOSSA.

(Opistoglossa et Proteroglossa Günth.) Froschlurche mit deutlich entwickelter Zunge.

Sectio A. RANIFORMIA Dum. Bibr.

Char. Finger und Zehen zugespitzt, cylindrisch oder am Ende knopfförmig aufgetrieben, stets ohne Haftscheiben; Zähne im Oberkiefer, häufig auch am Gaumen.

Dumeril und Bibron vereinigen sämmtliche Zungenfroschlurche mit Zähnen im Oberkiefer und ohne Haftscheiben an den Enden der Finger und Zehen in eine einzige Familie „*Phaneroglosses raniformes*", während Dr. Günther mit Rücksicht auf die vollständige oder unvollständige Entwicklung des Gehörorganes, welche bereits Joh. Müller zur Classification benützte, dieselben in zwei Sectionen, in die der *Ranina* und *Bombinatorina* theilt. Die *Ranina* zerfallen nach dem Mangel oder Vorhandensein von Ohrdrüsen und nach der Gestalt der Querfortsätze des Sacralwirbels in drei Gruppen, jede der letzteren endlich, je nachdem die Zehen durch Schwimmhäute verbunden oder aber frei sind, in zwei Familien. Auf diese Weise ist die Sectio *Ranina* in sechs, auf rein künstlicher Basis ruhenden Familien gesondert; die *Bombinatorina* endlich bilden eine einzige Familie. In ganz ähnlicher Weise werden auch die *Bufoniformia* und *Hylaeformia* Dum. Bibr. in zahlreiche Familien getrennt.

Meines Erachtens können höchstens die von Dr. Günther zur Bildung der Sectionen sowie einiger Gruppen gewählten Eigenthümlichkeiten zum Theile Familiencharaktere abgeben, während das Vorhandensein oder der Mangel von Schwimmhäuten zwischen den Zehen im Systeme Günther's zuweilen nicht einmal zur Aufstellung von Gattungen verwendbar ist, wofür wenigstens die von demselben Herpetologen gegebenen Diagnosen der Geschlechter *Cystignathus* (Catal. of Batr. sal. p. 26), *Limnodynastes* (l. c. p. 32), *Pleurodema* (l. c. p. 31) etc. und selbst das Geschlecht *Rana*, wohin zwei Arten ohne Schwimmhäute (*Rana Grayi* und *R. fasciata*) bezogen sind, sprechende Beweise liefern. Überhaupt werden häufig einzelnen Arten und Geschlechtern sogenannte Spuren von Schwimmhäuten zugewiesen, obgleich sie denselben vollständig fehlen. Da die Gestalt der Querfortsätze des Sacralwirbels im Systeme Günther's eine Hauptrolle spielt, so dürfte es nicht unangemessen sein, dieselbe hier kurz zu besprechen.

Amphibien.

Die Querfortsätze genannten Wirbels treten in drei Formen auf, sie sind nämlich cylindrisch, konisch oder dreieckig, platt. — Konisch sind die Querfortsätze des Sacralwirbels bei den Geschlechtern *Pleurodema, Hemisus, Lisapsus, Eupemphix, Uperoleia, Calyptocephalus, Heliorana*, cylindrisch bei *Rana, Cystignathus* etc.; doch finden sich zahlreiche Übergänge zwischen der konischen und cylindrischen Gestalt vor, wesshalb diese beiden Formen gemeinsam der plattgedrückten entgegen zu setzen sind.

Dr. Günther dagegen unterscheidet in seinem Systeme der *Batrachier salientia* nur „*cylindrical* und *dilated processes of sacral vertebra*", und vereinigt daher die konische Form der Querfortsätze des Kreuzbeinwirbels mit der vollständig platten, dreieckigen Form, welche insbesondere bei *Xenopus, Pelobates, Bufo, Phyllomedusa* etc. sehr auffallend hervortritt, jedoch nicht immer in ganz consequenter Weise (s. *Calyptocephalus* z. B.).

Das Gehörorgan ist leider derzeit nur bei wenigen Arten genau untersucht worden und zeigt überdies so zahlreiche Übergänge zwischen der vollständig ausgebildeten Form und jener, bei der Trommelfell, Trommelhöhle und Eustachische Tuben zugleich fehlen, dass dasselbe für die Systematik nur von untergeordneter Bedeutung sein und vielleicht richtiger zur Bildung von Gruppen innerhalb einzelner Familien benützt werden dürfte. Dasselbe gilt auch von der Gestalt der Querfortsätze des Sacralwirbels, falls sie nicht mit anderen Charakteren zusammenfällt.

In den nachfolgenden Zeilen beschränke ich mich vor der Hand darauf, jene Familien des Günther'schen Systems zu vereinigen, welche sich nur durch den Mangel oder das Vorhandensein von Schwimmhäuten zwischen den Zehen von einander unterscheiden.

FAMILIE
RANIDAE GÜNTH.
(Ranidae et Cystignathidae Günth.)

Char. Querfortsätze des Sacralwirbels cylindrisch, oder nur mässig gegen das äussere Ende an Breite zunehmend, nicht plattgedrückt; ohne Parotiden.

Gatt. PYXICEPHUS TSCH., DUM. BIBR. p.
(Tomopterna et Sphaerotheca Günth.)

Char. Körpergestalt gedrungen, krötenähnlich; Kopf gewölbt; Zunge gross, rund oder oval, am hinteren Ende mehr oder minder tief eingeschnitten und gelappt; Finger frei; Zehen mit Schwimmhäuten versehen; Gaumenzähne in zwei schiefen Reihen zwischen den inneren Nasenöffnungen; Tympanum mehr oder minder deutlich sichtbar; Vorsprung des ersten kahnförmigen Knochens stark entwickelt, von der Gestalt eines seitlich zusammengedrückten Sporens mit schneidigem Rande; Männchen mit einem inneren Kehlsack.

1. Art. PYXICEPHALUS ADSPERSUS Tsch.

Char. Rückenhaut mit Längsrunzeln und in die Länge gezogenen Warzen, die sich öfters zu grösseren, zusammenhängenden Reihen vereinigen; kein Knötchen am Aussenrande des Metatarsus; Zunge mit ziemlich langen Lappen am hinteren Rande; Schnauze kurz, konisch, vorne abgerundet; Rücken olivenfarben mit einer weisslichen Vertebrallinie.

Vom Cap der guten Hoffnung.

2. Art. PYXICEPHALUS DELALANDII Tsch.

Syn. *Pyxicephalus adspersus et P. Delalandii* Fitz., Ausb. d. österr. Naturf., Sitzb. d. kais. Akad. Bd. 42, pag. 415.

Char. Ein Knötchen am äussern Metatarsus-Rande; Kopf breit, gewölbt; Schnauze kurz, stark abgerundet; Zunge mit ziemlich langen, dicken Lappen am hinteren Rande; Rücken mit rundlichen Warzen, 1—3 hellen Längslinien und schwärzlichbraunen Marmorirungen.

Diese Art unterscheidet sich leicht von der früher erwähnten durch das Vorhandensein eines Knötchens am äussern Metatarsus-Rande und durch die Marmorirung des Rückens, der mit kleinen, rundlichen Warzen besetzt ist. Der sichelförmige Vorsprung am Innenrande des Metatarsus ist ebenso stark entwickelt wie bei *P. adspersus*; die drei zahnähnlichen Vorsprünge in der Mitte des Unterkiefers aber sind etwas schwächer ausgebildet als bei letztgenannter Art.

Die Länge der hinteren Extremitäten bis zum sichelförmigen Vorsprung ist nach dem Alter etwas verschieden und gleicht bald der Körperlänge, bald nur der Länge des Körpers von der Afterspalte bis zur Mitte des Auges. Die Kopflänge erreicht nahezu $1/3$ der Körperlänge.

Die Grundfarbe des Körpers ist bald hell-, bald dunkelgrau. 1—3 weisse Streifen laufen über den Rücken, der schwärzlich marmorirt ist. Die Rückenwarzen sind in der Regel an der Spitze weisslich und an der Basis mit einem schwarzen Ringe umgeben. Das Tympanum ist nur in seltenen Fällen undeutlich sichtbar, rundlich. — Länge der eingesendeten Exemplare 10'''—1''8'''; vom Cap der guten Hoffnung.

3. Art. PYXICEPHALUS CORDOFANUS n. sp.

Char. Kopf bedeutend schmäler, Schnauze länger und stärker zugespitzt als bei den beiden früher erwähnten Arten; Zunge rundlich, am hinteren Rande nur sehr seicht eingebuchtet, Zungenlappen sehr kurz; Rücken mit bräunlichen Marmorirungen und kleinen Flecken; Tympanum undeutlich sichtbar; ein kleines Knötchen am äusseren Metatarsus-Rande.

In der Körperfärbung und Zeichnung des Rückens stimmt diese Art mit *P. Delalandii* überein, unterscheidet sich aber von dieser wie von *P. adspersus* durch die geringere Breite des gleichfalls gewölbten Kopfes und durch die Länge der konischen, nach vorne steil abfallenden, hohen Schnauze. Die Zunge ist nahezu kreisrund, am hinteren Rande nur schwach eingebuchtet und zart gelappt. Das Auge ist ziemlich gross und stark vorspringend, das Trommelfell undeutlich sichtbar, der Unterkiefer in der Mitte mit drei zahnähnlichen Vorsprüngen versehen. — Der sichelförmige Vorsprung des ersten kahnförmigen Knochens ist sehr gross, schneidig, das Knötchen am äusseren Metatarsus-Rande klein. — Die Zehen sind nur unvollständig durch eine Schwimmhaut verbunden; die dritte Zehe ist etwas länger als die fünfte, die vierte fast noch einmal so lang als die dritte. Die Länge des Fusses bis zum Vorsprung am Haken steht etwas der des Körpers nach. Der Rücken ist hellgrau; die Marmorirungen und Flecken mit ausgezackten Rändern an den Seiten des Körpers und am Rücken sind röthlichbraun, die runden Warzen an der Spitze weisslich, am Rande nicht selten dunkelbraun gesäumt wie bei *P. Delalandii*. An den Extremitäten liegen grössere braune rundliche Flecken oder Querbinden; eine braune Binde zieht quer über die Stirne. — Die Körperlänge des grösseren unserer beiden Exemplare beträgt kaum 11 Linien. — Von Cordofan.

Gatt. OPISTHODON n. gen.

Char. Körpergestalt und sichelähnlicher Vorsprung am Metatarsus wie bei *Pyxicephalus;* Gaumenzähne in einer geraden, quergestellten, in der Mitte schwach unterbrochenen, langen Reihe hinter den inneren Nasenöffnungen; Finger frei; Zehen mit Schwimmhäuten versehen; Tympanum verborgen, Zunge rundlich, hinten seicht eingeschnitten, ungelappt; keine Parotiden.

Art. OPISTHODON FRAUENFELDI n. spec.

Char. Kopf mässig breit, sich allmälig nach vorne verschmälernd, vorderer Schnauzenabfall ziemlich hoch, schwach convex; Finger und Zehen an den Enden etwas verdickt, erstere frei, letztere mit einer mehr oder minder tief ausgeschnittenen, unvollständigen Schwimmhaut versehen, welche als schmaler Saum bis zum Beginne der letzten Zehenglieder sich fortsetzt; Metacarpus mit zwei langen Ballen; Finger und Zehen mit zugespitzten Gelenkballen; Rücken mit erhabenen Längslinien und zahlreichen kleinen Warzen, mit grösseren dunkleren und kleineren helleren Längsflecken; Schnauze und Extremitäten mit Querbinden, zuweilen ein grosser heller Fleck mit etwas dunkleren Marmorirungen am Hinterhaupte.

Die Kopflänge ist circa $3\frac{1}{5}$mal, die grösste Kopfbreite nicht ganz 3mal in der Körperlänge enthalten. Die ziemlich hohe Schnauze fällt nach vorne steil zum Mundrande ab, die Zügelgegend ist sehr schwach eingedrückt. Die äusseren, sehr kleinen Nasenöffnungen liegen unmittelbar unter dem vorderen Schnauzenabfalle; eine kurze drüsige Falte zieht von den Mundwinkeln zur Achselgegend. — Die Länge der Augenöffnungen gleicht nahezu der der Schnauze. Die Zunge ist rundlich, ziemlich gross, am hinteren Rande sehr seicht eingebuchtet. Die Seitenränder der Zunge zeigen einen deutlichen Einschnitt, so dass die Zunge aus zwei aufeinander gelegten Blättchen gebildet zu sein scheint. Die Gaumenzähne liegen hinter den inneren Nasenöffnungen auf einer langen, quergestellten Leiste, die nur in der Mitte schwach unterbrochen ist, und fast die ganze Breite des Gaumens einnimmt. Das Tympanum ist rundlich, klein, nur im Umrisse schwach erkennbar. — Die vorderen Extremitäten sind kurz, gleichen an Länge $2/3$, die hinteren (bis zur Spitze der vierten längsten Zehe gerechnet) $7/5$ der Körperlänge. An der Basis des Daumens liegt ein grosser länglicher Ballen, ein zweiter, kleinerer an den Metacarpusknochen der übrigen Finger. Die Gelenkballen sind an den Fingern stärker entwickelt als an den Zehen und zugespitzt. — Unmittelbar hinter den Gelenkballen der ersten Fingerglieder sitzt ein kleinerer Ballen am Ende jedes Metacarpusknochens. Der Mittelfinger ist länger als jeder der übrigen, der Daumen und der darauffolgende Finger sind gleich lang, und länger als der vierte Finger. — Die Schwimmhaut verbindet die Zehen bei den grösseren unserer beiden Exemplare, einem Weibchen von 1″ 4‴ Länge zur Hälfte, bei dem zweiten kleineren Exemplare aber circa zum dritten Theile, und zieht sich als schmaler Saum stets bis zur Spitze der Zehen fort. Eine Hautfalte läuft am äussern Rande der letzten Zehe von deren Spitze bis zur Basis des entsprechenden Metatarsus herab. — Der scharfkantige Vorsprung am Metatarsus der ersten Zehen (oder des ersten kahnförmigen Knochens) ist sehr stark entwickelt, und ebenso gestaltet wie bei den *Pyxicephalus*-Arten.

Bezüglich der Zeichnung und Färbung des Körpers gehört diese Art zu den schönsten in der Ordnung der *Batrachier*. — Die Grundfarbe des Körpers ist hellbraun oder grau; der Rücken und die Seiten des Rumpfes sind mit unregelmässigen grösseren und kleineren, vielfach gewundenen und ausgezackten bläulichschwarzen Längsflecken mit dunklerer Umrandung geziert, zwischen welchen noch schmälere Flecken und Streifen von rothvioletter Färbung liegen. Am Rücken bemerkt man einige erhabene Linien und insbesondere an den Seiten des Rumpfes zahlreiche Wärzchen von carminrother Färbung. Die Schnauze und die Extremitäten sind mit quergestellten schwärzlichbraunen Binden und Streifen versehen und überdies noch gleich den Rändern des Unterkiefers in den Zwischenräumen bräunlich gesprenkelt.

Eine etwas hellere Stelle von runder Gestalt und bedeutendem Umfange liegt bei dem grösseren Exemplare hinter der Stirne, über welche stets eine in der Mitte unterbrochene Querbinde zieht, fehlt aber bei dem kleineren Exemplare, dessen Rückenflecken in der Steissgegend sich mehr in die Quere ausdehnen als bei dem grösseren Individuum. — Die zahlreichen Wärzchen an der Oberseite der Schenkel und Waden sind weisslich. Die Bauchseite ist gelblich, ungefleckt und wie die Unterseite der Extremitäten glatt. — Zwei Exemplare von Neu-Südwales (Geschenk des Verfassers).

Gatt. MIXOPHYES GÜNTH.
(Proc. zool. Soc. of Lond. 1864.)

Char. Kopf breit, querüber schmal gewölbt; Extremitäten von mässiger Länge, Finger frei, Zehen durch eine Schwimmhaut verbunden, ein grosses sichelförmig gekrümmtes, comprimirtes Tuberkel am Metatarsus; Zunge sehr gross, breit, rundlich, am hinteren Rande sehr schwach oder nicht eingebuchtet; Tympanum sichtbar; Gaumenzähne zwischen den inneren Nasenöffnungen; Männchen mit einem Stimmsacke an der Kehle.

Art. MIXOPHYES FASCIOLATUS Günth.

Char. Kopf etwas breiter als lang; Schnauze nach vorne bogenförmig zum Mundrande abfallend, ohne Kante; Tympanum etwas kleiner als das ziemlich grosse, stark vortretende Auge; Finger cylindrisch, an der Spitze knopfförmig verdickt; erster, zweiter und vierter Finger unter sich nahezu gleich lang, dritter Finger länger; ein dicker Ballen am Metacarpus des Daumens, ein etwas kleinerer an der Handfläche unter und zwischen den zwei äusseren Fingern; runde Gelenkballen an den Fingergliedern; Zehen durch eine Schwimmhaut mehr als zur Hälfte verbunden, fünfte und dritte Zehe gleich lang; erste Zehe sehr kurz, zweite fast noch einmal so lang wie die erste; vierte Zehe nahezu noch einmal so lang wie die fünfte; Metatarsusvorsprung ähnlich gestaltet wie bei den Pyxicephalus-Arten, aber stumpfrandig; Rücken- und Bauchseite glatt; Wärzchen an der Hinterseite der Schenkel; eine schwärzliche Binde von ungleicher Breite längs dem Schnauzenrande bis über den hinteren Rand des Trommelfelles hinaus, vom Auge und den äusseren Narinen unterbrochen; eine bogenförmige, schmale, dunklere Binde zwischen den Augen; unregelmässige, vielfach geschlängelte, bindenähnliche Flecken mit zarter schwärzlicher Umsäumung am Rücken; zahlreiche bräunliche oder schwärzliche Querstreifen und Querbinden, mit einem tiefschwarzen Streifen eingefasst, an der Oberseite der Extremitäten; die schwarzen Streifen gegen die Unterseite der Extremitäten nach Art eines Dreieckes sich ausbreitend.

Ein Prachtexemplar, schöner und schärfer gezeichnet als das von Dr. Günther zur Abbildung benützte Individuum, aus Neu-Südwales.

Gatt. GOMPHOBATES RHDT., LTK.

Syn. *Physalaemus* Fitz. Neue Classif. d. Rept. p. 39, nec Fitz. Syst. Rept. — *Gomphobates* Rhdt. et Ltk., Bidr. til Kundsk. om Bras. Padder etc., Vidensk. Meddel. Jahrg. 1861, p. 172. — *Leiuperus* spec. Steind., Batrach. Mitth.

Char. Kopf mehr oder minder zugespitzt, kurz; Zunge oval, ganzrandig, schmal; Tympanum undeutlich sichtbar; Zehen frei; Vorsprung des ersten kahnförmigen Knochens gross, spitzig; ein zweites etwas kleineres Tuberkel am Metatarsus der fünften Zehe; ein kleines konisches Knötchen am Tarsus; Oberkieferzähne sehr klein, zahlreich; keine Gaumenzähne; Männchen mit einem äusserst weiten, doppelten Stimmsack an der Kehle; zuweilen eine grosse Lendendrüse, hauptsächlich bei Weibchen.

1. Art. GOMPHOBATES NOTATUS Rhdt., Ltk.

Syn. *Gomph. notatus* R. L., l. c. p. 173, Tab. IV, Fig. 3. — *Physalaemus albonotatus et Cuvieri* Fitz., N. Class. d. Rept., in lit.; Cenni sul Mus. civ. di Mil. p. 52 in lit. — *Leiuperus albonotatus* Steind. Batr Mitth. p. 37 (275).

Char. Körperform schlank, Schnauze zugespitzt; Körperhaut mit kleinen Warzen ohne drüsige Längsfalten; Rücken mit unregelmässigen Flecken von dunkler Färbung und heller Umsäumung; Flecken zuweilen zu Binden oder Kreisen zusammenfliessend, welche dann kleinere und grössere Flecken von der hellen Grundfarbe des Körpers umschliessen; eine braune Längsbinde an jeder Seite des Körpers; häufig ein tief schwarzer Fleck an jeder Seite des Steisses.

Obwohl diese Art von Fitzinger schon im Jahre 1826 in seinem Werke: „Neue Classification der Reptilien" namentlich angeführt ist und an mehrere Museen einzelne Exemplare derselben überlassen wurden, blieb sie doch bis 1862 unbeschrieben. Reinhardt und Lütken trennen diese Art so wie die beiden nachfolgend zu erwähnenden Arten generisch von *Leiuperus*, ob mit Recht oder Unrecht, kann ich nicht genau eruiren, da das Wiener Museum kein Exemplar von *Leiuperus marmoratus* Dum., Bibr. besitzt. Jedenfalls ist das Geschlecht *Gomphobates* sehr nahe verwandt mit *Leiuperus*. — Fundort: Caiçara, Matogrosso, Parà (Mus. Vindob.), Lagoa santa (Mus. Havn.).

2. Art. GOMPHOBATES KRÖYERI R. L.

Syn. *Physalaemus ephippifer* Fitz., Il. Class. d. Rept., Cenni s. Mus. civ. di Milano p. 52 (in lit.). — *Leiuperus ephippifer* Steind., Batr. Mitth. p. 39 (277).

Char. Kopf kurz, schmal; Schnauze nach vorne sich rasch verschmälernd, abgestumpft; Rücken mit drüsigen, zuweilen im Zickzack gebogenen oder nach hinten *convergirenden Längsfalten; paarige Längsbinden von bräunlicher Färbung laufen zum Theil von der Schnauze, zum Theil vom hinteren Augenrande bis in die Nähe der Steissgegend; Seiten des Körpers zuweilen marmorirt oder gesprenkelt.*

Auch diese Art wurde wie die früher erwähnte bereits in den batrachologischen Mittheilungen (l. c. p. 39—41) nach zahlreichen, von Joh. Natterer gesammelten Exemplaren, die verschiedenen Varietäten angehören, von mir ausführlich beschrieben und schon von Fitzinger in der neuen Classification der Reptilien namentlich erwähnt, doch von den Herren Reinhardt und Lütken zum ersten Male in die Wissenschaft eingeführt. — Fundorte: Parà, Caiçara (Mus. Vindob.), Umgebung von Cacheiro beim Flusse Paraguaçu (Mus. Havn.).

3. Art GOMPHOBATES MARMORATUS R. L.

Syn. *Eupemphix Nattereri* Steind. part. Batr. Mitth. (nec Neue Batr. d. Wiener Museums, Sitzungsberichte der kais. Akademie d. Wiss. Bd. 48).

Char. Körpergestalt gedrungen; Schnauze dreieckig mit breiter Basis, nach vorne sich rasch verschmälernd und an der Spitze abgestumpft; Zunge oval, ganzrandig; zwei Tuberkel am Metatarsus, ein Knötchen am Tarsus; Seiten des Rumpfes zuweilen mit einer Lendendrüse; Rücken mit ziemlich grossen flachen Warzen; grosse unregelmässige dunkle Flecken an der Oberseite des Körpers und Querbinden auf den Extremitäten; Flecken und Binden mit schwärzlicher Einfassung.

Das im Wiener Museum aufbewahrte Exemplar besitzt eine Lendendrüse und zeigt in der Körperzeichnung und Körpergestalt viele Ähnlichkeit mit *Eupemphix Nattereri*. Ich führte dasselbe gleich zu Anfang der von mir in den batrachologischen Mittheilungen gegebenen Beschreibung letztgenannter Art als eine abweichende Form an, und glaubte desshalb die früher in den Sitzungsberichten der kais. Akademie der Wissenschaften Band 48 aufgestellte Diagnose von *Eup. Nattereri* berichtigen zu müssen. Bei wiederholter Untersuchung dieses Individuums ergab es sich jedoch, dass es zu *Gomphobates marmoratus* Reinh. Ltk. gehöre und wie *Gomph. (Eupemphix ol.) fuscomaculatus* von *Eup. Nattereri* generisch verschieden sei. Es besitzt Oberkiefer- aber keine Gaumenzähne, ein Knötchen am Tarsus, zwei Vorsprünge am Metatarsus, zahlreiche, ziemlich grosse, doch nur schwach erhöhte Warzen am Rücken, während *Eupemphix Nattereri* weder Gaumen- noch Kieferzähne, eine ganz glatte Körperhaut und kein Wärzchen am Tarsus zeigt.

Die von mir in den Sitzungsberichten der kais. Akademie Band 48, Taf. I, Fig. 6—9 gegebene Beschreibung und Abbildung von *E. Nattereri* und die Charakteristik des Geschlechtes *Eupemphix*, welches trotz aller Ähnlichkeit mit *Gomphobates* und *Pleurodema* in die Serie der *Bufoniformia* gehört, ist somit im Wesentlichen richtig und nur die später in den batrachologischen Mittheilungen vorgenommenen Änderungen sind zu beseitigen. — Fundorte von *Gomph. marmoratus*: Caiçara (Mus. Vind.), Lagoa santa (Museum Havn.).

4. Art GOMPHOBATES FUSCOMACULATUS Steind.

Syn. *Iliobates fuscomaculatus* Fitz. Tsch., Mus. Vind. — *Eupemphix fuscomaculatus* Steind. olim.

Char. Körpergestalt minder schlank als bei Gomph. notatus und kröyeri; Kopf dreieckig, kurz; Schnauze vorne stark abgestumpft; Rücken mit warzenähnlichen, meist langgestreckten Erhöhungen und zwei schlangenähnlich gebogenen, stellenweise unterbrochenen Längsbinden mit einzelnen Querverzweigungen; zuweilen eine Lendendrüse (bei Weibchen); Tympanum undeutlich sichtbar, kleiner als das Auge.

Das einzige Exemplar von *G. fuscomaculatus*, welches ich zu untersuchen Gelegenheit hatte, ist ein Weibchen und besitzt keine Gaumenzähne, wohl aber Zähne im Oberkiefer, eine schmale ganzrandige ovale Zunge, eine stark entwickelte Lendendrüse, ein Knötchen am Tarsus und zwei comprimirte Vorsprünge am Metatarsus. Dass diese Art nicht identisch sei mit *Pleurodema Bibronii*, wie Günther im ersten Bande des „Record of zoological Literature" p. 128 undoubtely annimmt, liegt ausser aller Frage. Schon aus einer ganz oberflächlichen Vergleichung der Körperform und Rückenzeichnung so wie der Gestalt der Zunge (abgesehen von dem Vorhandensein eines Tarsusknötchens bei *G. fuscomaculatus*, welches ich in meiner Beschreibung ausdrücklich erwähnte) ergibt sich die specifische und generische Verschiedenheit von *G. fuscomaculatus* und dem wohlbekannten *Pleurodema Bibronii* jedem unbefangenen Beobachter. — Fundort: Caiçara (Brasilien).

Gatt. PLEURODEMA TSCH.

Pleurodema spec. Günth. — *Cystignathus* spec. Dum. Bibr.

Char. Körpergestalt gedrungen; Kopf kurz, breit, vorne bogenförmig abgerundet mit weiter Mundöffnung; Zunge gross, rund, ganzrandig oder seicht eingebuchtet; Gaumenzähne in zwei convergirenden Reihen zwischen den inneren Nasenöffnungen; Vorsprung des ersten kahnförmigen Knochens ziemlich stark entwickelt, seitlich zusammengedrückt, sichelförmig; ein zweites Tuberkel am Metatarsus der fünften Zehe; Finger und Zehen ohne Schwimmhaut; eine grosse rundliche Lendendrüse bei beiden Geschlechtern; Tympanum mehr oder minder deutlich sichtbar; Querfortsätze des Sacralwirbels konisch, schmal.

1. Art PLEURODEMA BIBRONII spec. Dum. Bibr., Tsch.

Char. Lendendrüse stark entwickelt, halbkugelig nach aussen vorspringend; Rücken mit mehr oder minder zahlreichen, rundlichen, kleinen Warzen besetzt und dunkelbraun gefleckt; eine dreieckige Querbinde zwischen den Augen; eine bogenförmig gekrümmte Binde von der Schnauzenspitze bis zur Achselgegend reichend und vom Auge unterbrochen; zuweilen ein ziemlich breiter Vertebralstreifen zwischen der Schnauzenspitze und dem After; Extremitäten quer gebändert; Bauchseite gelblich, zuweilen braun getüpfelt oder gesprenkelt; ein oder mehrere tiefschwarze Flecken an der Lendendrüse; Gelenkballen an Zehen und Fingern stark entwickelt; ein grosser länglicher Ballen an der Basis des Daumens, neben diesem zwei kleinere Ballen an den Metacarpusknochen der zwei letzten Finger; Zehen mit sehr schmalen Hautsäumen an den Rändern; Vorsprung des ersten kahnförmigen Knochens sichelförmig, comprimirt; Tuberkel am Metatarsus der fünften Zehe viel kleiner, konisch oder länglich.

Bei einem Exemplare aus der älteren Sammlung des Wiener Museums fehlen die Gaumenzähne. — **Fundort**: Chile. Viele kleine Exemplare gesammelt von Herrn v. Fraunenfeld und Zelebor.

2. Art PLEURODEMA ELEGANS Steind.

Sitzungsberichte der Wiener Akademie Bd. 48, Taf. I, Fig. 1—5.

Char. Totalgestalt gedrungen; Kopf kurz, breit; Schnauze stumpf abgerundet; Stirnbreite gleich dem Durchmesser der stark vortretenden Augen; Zunge gross, rund, schwach oder nicht eingebuchtet; Mundspalte weit. Tympanum deutlich sichtbar; Oberleib blassgrau, selten grünlich, mit schwärzlichen, unregelmässigen Flecken oder Marmorirungen; Lendendrüse schwarz mit graublauen Punkten oder Flecken, sehr gross, an der Aussenseite schwach gewölbt, Hinterseite der Schenkel und Waden, Oberseite der Tarsuswurzel und Vorderseite der Schenkel mennigroth; Warzen am Rücken; die beiden Tuberkel am Metatarsus gleich stark entwickelt, comprimirt, mit einem dicken hornartigen Überzuge bei Männchen; Männchen mit einem grossen, stark dehnbaren Sacke an der Kehle von grünlich grauer Farbe; schmale Hautsäume an den Rändern der Zehen.

Die Querfortsätze des Sacralwirbels sind bei dieser Art so wie insbesondere bei *P. Bibroni* nicht cylindrisch, sondern konisch zu nennen, da sie sich gegen das äussere Ende nicht unbedeutend ausbreiten; sie sind ziemlich kurz und an der Oberseite stark gewölbt. Da sich viel mehr Übergangsstufen zwischen der streng cylindrischen und der konischen Gestalt der Querfortsätze des Sacralwirbels vorfinden, als zwischen der konischen und plattgedrückten, so dürften vielleicht richtiger die beiden erstgenannten Formen der plattgedrückten, dreieckigen Gestalt gemeinsam entgegengestellt als die konische mit der plattgedrückten als „processes dilated" vereinigt werden, falls man überhaupt den Querfortsätzen des Sacralwirbels eine Hauptrolle in der Systematik der *Batrachia salientia* zuweisen darf. *Pleurodoma elegans* erreicht eine viel bedeutendere Grösse als *P. Bibronii* und gehört Brasilien, wie es scheint, ausschliesslich an. Das Wiener Museum besitzt nur Männchen dieser prachtvoll gezeichneten und gefärbten Art, welche Joh. Natterer bei Forte do Rio branco fand. Das von Herrn Zelebor gesammelte Exemplar ist leider während der Reise fast ganz verfault.

Gatt. CALYPTOCEPHALUS BIBR.
(Peltocephalus Tsch.)

Char. Körpergestalt krötenähnlich, Extremitäten kurz, gedrungen; Oberseite des Kopfes rauh mit zahllosen zarten Erhabenheiten; Gaumenzähne in zwei schwach convergirenden Reihen zwischen den inneren Nasenöffnungen; Zunge oval, ganzrandig; Tympanum mehr oder minder deutlich sichtbar; Finger frei, Zehen durch eine Schwimmhaut verbunden; Vorsprung des ersten kahnförmigen Knochens länglich rund; Querfortsätze des Sacralwirbels konisch, gegen das äussere Ende an Breite bedeutend zunehmend.

Nach der Gestalt der Querfortsätze gehört dieses Geschlecht in die Familie der *Discoglossidae* Günth.

Amphibien.

Art CALYPTOCEPHALUS GAYI Dum. Bibr.

Syn. *Peltocephalus Quoyi* Tsch.

Char. Kopf breit, schwach gewölbt; Zunge dick, breiter als lang; Gaumenzähne in geringer Zahl vorhanden, jederseits 3—4, sehr gross; Finger- und Zehenenden in der Regel knopfförmig angeschwollen; Schwimmhaut zwischen den Zehen tief eingebuchtet, aber als schmaler Saum bis zu deren Spitzen reichend; ein Hautsaum am Aussenrande der ersten und fünften Zehe; Rückenhaut dick, mit ziemlich grossen länglichen Warzen; Oberseite des Körpers grau oder bräunlich, mit zahlreichen kleinen, dunkleren Flecken gesprenkelt oder marmorirt; Tympanum klein, zuweilen nur ganz undeutlich sichtbar.

Die grössten Exemplare der Wiener Sammlung sind $5^1/_2''$ lang; das schönste derselben finde ich von Fitzinger's Hand als *Pseudobufo subasper* Tsch. bezeichnet, und wurde angeblich (vielleicht unter dieser Bezeichnung?) von dem Leydner Museum als eine asiatische Art eingesendet. Zwei Exemplare gesammelt von Herrn Zelebor, eines von R. v. Frauenfeld. — Fundort: Chile.

Gatt. POHLIA n. gen.

Char. Körpergestalt Rana-ähnlich, der Daumen den übrigen Fingern deutlich entgegengestellt; Gaumenzähne zwischen den inneren Nasenöffnungen in zwei kurzen schiefgestellten, rundlichen Gruppen, durch einen weiten Zwischenraum von einander getrennt; Tympanum deutlich sichtbar; Finger frei, Zehen vollständig durch eine weite Schwimmhaut verbunden; Zunge herzförmig gelappt; Stirnbeine nicht vollständig verknöchert.

Die Querfortsätze des Sacralwirbels sind im Umrisse jenen des Geschlechtes *Rana* gleich, doch stärker deprimirt.

Art POHLIA PALMIPES Steind.

Char. Tympanum gross, Finger- und Zehenenden schwach knopfförmig verdickt; Schwimmhaut zwischen den Zehen vollständig, weit; Gaumenzähne in zwei kleinen, schief gestellten rundlichen Gruppen, die ebenso weit von einander als von den inneren Nasenöffnungen entfernt sind; eine drüsige Falte zwischen dem hinteren Augenrande und der Sacralgegend; Zügelgegend eingedrückt; Oberseite des Körpers im Leben grün, mit kleinen rundlichen Flecken und sehr zarten, fast punktförmigen Wärzchen, die in der Steissgegend dicht gedrängt neben einander liegen; Oberseite der Extremitäten quer gebändert; Bauchseite glatt, zuweilen mit zahlreichen, verschwommenen, unregelmässigen Flecken; Stirnbeine im vorderen Theile knorpelig.

Die Körpergestalt ist gestreckt wie bei den europäischen Arten des Geschlechtes *Rana*, der Kopf etwas breiter als bei *Rana esculenta*, dreieckig, die Schnauze vorne schwach abgerundet, die Zügelgegend eingedrückt. Die äusseren Nasenlöcher münden unter der stumpfen Schnauzenkante, ebenso weit vom Auge als von der Schnauzenspitze entfernt. Der Durchmesser der kugeligen, stark vortretenden Augen gleicht circa einem Drittel der Kopflänge; der Durchmesser des Trommelfelles steht der Länge des Auges nach und ist genau zweimal in der

Schnauzenlänge enthalten, oder der Stirnbreite zwischen den Augen gleich. Die Zunge ist gross herzförmig, am hinteren Rande mit ziemlich langen Lappen versehen. Die Gaumenzähne sind nur in geringer Zahl vorhanden. Der Unterkiefer trägt in seiner Mitte eine knopfähnliche Erhöhung und jederseits noch eine mässige Anschwellung. Die Kopflänge ist nicht ganz dreimal in der Körperlänge enthalten; die Kopfbreite gleicht der Kopflänge. Die vorderen Extremitäten sind kurz, die hinteren sehr lang. Der Daumen ist ebenso lang als der darauffolgende Finger, ziemlich dick und den übrigen Fingern deutlich entgegengestellt; der vierte Finger ist länger als der Daumen und kürzer als der dritte. Die Seitenränder der Finger tragen einen schmalen Hautsaum; die Gelenkballen sind rundlich, insbesondere am Daumen stark entwickelt, doch am Daumen und zweiten Finger nur am ersten Gliede vorhanden. Jeder der beiden übrigen Finger besitzt zwei Gelenkballen und eine Schwiele am entsprechenden Metacarpus. Die Zehen sind durch eine weite, sehr dehnbare Schwimmhaut bis zur Spitze verbunden, lang; die beiden äusseren Zehen zeigen am Aussenrande einen häutigen Saum. Der Vorsprung des ersten kahnförmigen Knochens ist länglich und bald etwas stärker, bald schwächer entwickelt, doch nie von bedeutender Grösse. Die Spitzen der Zehen sind bei älteren Individuen knopfförmig angeschwollen, die Gelenkballen konisch. Die Schwimmhaut ist wie die Unterseite der Extremitäten und des Rumpfes bräunlich, verschwommen gefleckt. Ein schwärzlich brauner Saum liegt am Rande des Unter- und Oberkiefers, am unteren Rande der Schnauzenkante und ringsum das Trommelfell. — Die hier beschriebene Art steht der *Rana palmipes* Spix, welche von Dumeril und Bibron als *Rana esculenta* gedeutet wird, sehr nahe; doch zeigt meines Erachtens der essbare Frosch eine viel schwächer ausgebildete Schwimmhaut zwischen den Zehen als *Rana palmipes* Spix, und es dürfte daher wohl noch etwas fraglich sein, dass *Rana palmipes* nur aus Versehen als eine brasilianische Art beschrieben wäre und aus Spanien stamme; vielleicht ist sie identisch mit der von mir beschriebenen Art.

Das Wiener Museum besitzt drei weibliche Exemplare von *Pohlia palmipes*, welche noch Natterer's Originalzettel tragen, und im Jahre 1829 (am 5. Febr.) in Matogrosso aus Lachen zwischen den Häusern gefangen wurden. — Die auf Taf. I, Fig. 2 gegebene Abbildung ist eine Copie der nach dem Leben in Farben ausgeführten Originalzeichnung Natterer's.

Gatt. RANA LIN. TSCH.

Char. Körpergestalt gestreckt, Zehen mit Schwimmhäuten versehen, Finger frei: Daumen den übrigen Fingern nicht entgegengestellt; Gaumenzähne in zwei kurzen, mehr oder minder schiefgestellten Reihen oder Gruppen zwischen den inneren Nasenöffnungen; Tympanum mehr oder minder deutlich sichtbar: Männchen in der Regel mit zwei seitlichen äusseren Stimmsäcken; Vorsprung des ersten kahnförmigen Knochens nicht besonders stark entwickelt.

1. Art RANA ESCULENTA Lin.

Syn. *Pelophylax hispanicus* Fitz., Ausb. d. österr. Naturf. l. c. — *Rana viridis* Roes., Dum. Bibr.

Char. Kopf zugespitzt, dreieckig: Metatarsus mit zwei Tuberkeln, Finger- und Zehenenden etwas angeschwollen: Tympanum fast, oder ebenso gross wie das Auge: Seiten des Rumpfes zwischen dem Auge und den Lenden mit einer drüsigen Falte, zuweilen noch eine dritte Falte auf der Mittellinie des Rückens: Schwimmhaut zwischen den Zehen mässig eingebuchtet, nicht ganz bis zur Spitze der vierten Zehe reichend; ein Hautsaum am Aussenrande der ersten und fünften Zehe, der häufig bis zu den Metatarsus-Tuberkeln sich fortsetzt; Oberseite des Körpers und der Extremitäten warzig, mit mehr oder minder zahlreichen Flecken, sehr selten einfärbig; kein dunkler Querfleck zwischen den Augen.

Diese Art wurde von Herrn v. Frauenfeld und Zelebor in sehr grosser Individuenzahl (30) in der sumpfigen nächsten Umgebung von Gibraltar und auf Madeira gesammelt, und kommt ziemlich häufig im nördlichen und westlichen Marocco, in Klein-Asien, Persien, China und Japan u. s. w. vor. In den südlichen Theilen des europäischen Russlands, sowie in Ungarn und Croatien erreicht sie eine auffallende Grösse. Das Wiener Museum besitzt aus jenen Gegenden Exemplare von 6" Körperlänge und darüber.

2. Art RANA FUSCIGULA Dum. Bibr.

Char. Kopf querüber gewölbt, Schnauze ziemlich kurz, vorne mehr oder minder stark abgerundet; Tympanum deutlich sichtbar, viel kleiner als das Auge, Rückenhaut mit zahlreichen, unregelmässigen, drüsigen Längsfalten; Schwimmhaut zwischen den Zehen vollständig entwickelt, aber eingebuchtet; vierte Zehe sehr lang; Metatarsus mit einem ziemlich langen, schmalen Vorsprung; Zunge gross, herzförmig mit länglich runden Lappen; Oberseite des Körpers mit länglichen und rundlichen, bräunlichschwarzen Flecken; Bauchseite mit dunkeln Marmorirungen, die insbesondere an der Kehle scharf ausgeprägt sind; eine dunkle Querbinde zwischen den Augen; eine ebenso gefärbte Längsbinde an der stumpfen Schnauzenkante, unter dieser eine breitere helle Binde, die bis zur Achselgegend zieht.

Diese Art nimmt im südlichen Afrika die Stelle der *Rana esculenta*, mit welcher sie nahe verwandt ist, ein, und kommt in Unzahl in der Umgebung der Capstadt vor. — Zahlreiche Exemplare bis zu 4" Körperlänge vom Cap der guten Hoffnung.

Art RANA TIGRINA Daud.

Syn. *Rana cancrivora* Boie, Gravenh., Fitz. — *Rana macrodon* Fitz. Ausb. d. öst. Naturf. l. c. p. 114 nec Kuhl, Dum., Bibr. — *Hydrostentor pantherinus* Fitz. l. c. p. 414. — *Rana vittigera et rugulosa* Wiegm.

Char. Kopf mehr oder minder zugespitzt, dreieckig; Schnauze schwach nasenförmig über den vorderen Mundrand vorstehend; Unterkiefer in der Mitte mit drei mässigen Erhöhungen; Tympanum deutlich sichtbar, bei älteren Individuen häufig ebenso gross, bei jüngeren kleiner als das Auge; Zehen durch eine weite Schwimmhaut verbunden, welche mit Ausnahme der vierten Zehe bis zu den Zehenenden reicht; fünfte Zehe und deren Metatarsus mit einem Hautsaume am Aussenrande; nur ein Tuberkel am Metatarsus; Finger- und Zehenspitzen etwas angeschwollen; Rückenhaut mit zahlreichen, längeren oder kürzeren Längsfalten; Bauchseite glatt, häufig mit bräunlichen Marmorirungen; schwärzliche Flecken in grösserer oder geringerer Zahl am Rücken, auf den Extremitäten und fast immer auch an den Kieferrändern; zuweilen eine weissliche, bald breite, bald sehr schmale Vertebrallinie, seltener eine zweite paarige, helle Binde an den Seiten des Körpers; zuweilen eine Hautfalte zwischen den hinteren Augenwinkeln (bei älteren Individuen).

Kommt sehr häufig in Ostindien, auf Ceylon, den Inseln des indischen Archipels, auf den Philippinen und in China vor, nimmt daselbst die Stelle der *Rana esculenta* ein und erreicht eine sehr bedeutende Grösse.

Die von Fitzinger als *Hydrostentor pantherinus* bezeichneten Exemplare aus Hongkong entsprechen der von Wiegmann unter dem Namen *Rana rugulosa* beschriebenen Varietät von *Rana tigrina*, und sind durch die ausserordentlich grosse Zahl von unregelmässigen Flecken und Längsfalten ausgezeichnet, während die als *Rana macrodon* Fitz. nec Dum., Bibr. etiquettirten Exemplare nichts anderes als ganz kleine, dunkel gefärbte Individuen von *Rana tigrina* vorstellen, bei welchen die Rückenflecken nur schwach hervortreten. (Von *Rana macrodon* Kuhl, Dum., Bibr. besitzt das Wiener Museum derzeit kein Exemplar.) — Zahlreiche, meist kleine Exemplare von Madras, Ceylon, Java, Manila, Honkong, Celebes.

4. Art RANA GRACILIS Wiegm.

Syn. *Rana vittigera* Günth. Catal. p. 9. — *Rana gracilis* Günth. Rept. of Brit. Ind. — *Rana rugulosa* Fitz. (nec Wiegm.) Ausb. d. öst. Naturf. — *Rana brama* Fitz. (nec Less.) ibid. p. 414.

Char. Kopf mässig zugespitzt, ohne deutlich vortretende Schnauzenkante, Tympanum kleiner als das Auge; Extremitäten kleiner, Körpergestalt schlanker und Schwimmhaut zwischen den Zehen schwächer entwickelt als bei Rana trigina; zwei Tuberkeln am Metatarsus; Rückenhaut mit Längsfalten und Wärzchen; Rücken, Kieferränder und Oberseite der Extremitäten mit dunkelbraunen Flecken und Querbinden; zuweilen eine weissliche Vertebrallinie, häufig ein dreieckiger Querfleck zwischen den Augen.

Der Vorsprung des ersten kahnförmigen Knochens ist stark zugespitzt und grösser als das zweite rundliche Metatarsus-Tuberkel. — Diese Art erreicht keine bedeutende Grösse und kommt wie *Rana trigina* häufig in der Umgebung von Shanghai, Hongkong und Madras vor.

5. Art RANA POROSISSIMA Steind., n. sp.

Char. Kopf stark zugespitzt, Schnauze konisch, nasenförmig über den vorderen Mundrand vorgezogen, Tympanum kleiner als das Auge, Gaumenzähne in zwei sehr kleinen Gruppen, dicht am Innenrande der inneren Narinen gelegen, durch einen sehr weiten Zwischenraum von einander getrennt; Schwimmhaut zwischen den Zehen wenig eingebuchtet, an der ersten bis dritten und an der fünften Zehe bis zum vorletzten Gliede, an der vierten Zehe nur bis zum zweiten Gliede reichend; ein längliches Tuberkel am Metatarsus; Männchen mit einer langen Schlitzöffnung an der Kehle zum Austritte der weiten, dünnhäutigen Schallblasen; Zugang zu letzteren zunächst den Mundwinkeln ziemlich gross; zahllose Poren am Bauche und an der Unterseite des Kopfes; Rücken mit vielen drüsigen Längsfalten; kleine längliche, schwarzbraune Flecken am Rücken, ziemlich breite Querbinden an den Extremitäten, eine gelbe Längslinie an den Waden; eine schwärzliche Längslinie an der stumpfen Schnauzenkante, unter dieser eine helle Binde, welche bis in die Achselgegend reicht.

Der Kopf ist stark zugespitzt, von geringer Breite; die Schnauze vorne abgestumpft, nasenförmig über den vorderen Mundrand hinausreichend. Die Augen sind ziemlich gross, die Schnauze übertrifft aber das Auge an Länge; die Nasenöffnungen liegen unter dem schwach ausgeprägten seitlichen Schnauzenrande, etwas näher zur Schnauzenspitze als zum Auge; die Stirnbreite gleicht der Hälfte der Augenlänge oder genau dem Diameter des kreisrunden, deutlich sichtbaren Trommelfelles. Die Gaumenzähne liegen in zwei rundlichen Gruppen, welche fast kleiner als die inneren Nasenöffnungen sind, unmittelbar am Innenrande der inneren Narinen. Die Zunge ist leierförmig gestaltet, porös; die Zungenlappen sind wenigstens an unserem Exemplare deutlich nach aussen gewendet; die Mündungen der Eustachischen Tuben sind weiter als die inneren Nasenöffnungen. — Der Unterkiefer zeigt vorne an der Symphyse ein kleines Knötchen und an jeder Seite desselben ist der Rand des Unterkiefers ein wenig erhöht. — Die paarige, ziemlich grosse Spaltöffnung, welche bei den Männchen zunächst den Mundwinkeln an den Seiten der Zunge liegt, führt zu den sehr weiten, schwarzgefärbten Schallblasen, welche durch einen langen Schlitz, der an der Unterseite der Unterkieferränder weit vor den Mundwinkeln beginnt und fast bis zur Basis der vorderen Extremitäten reicht, nach Aussen dringen. — Die vorderen Extremitäten sind kurz, die hinteren lang. Der dritte Finger ist länger als jeder der drei übrigen, welche unter sich nahezu gleich lang sind. Die Gelenkballen an den Fingern sind rundlich und stärker entwickelt als an den Zehen, welche circa zur Hälfte durch eine Schwimmhaut verbunden sind. — An der Handfläche liegen drei ziemlich grosse, ballenähnliche Schwielen, eine davon an der Wurzel des Daumens. Die Zehen sind etwas zugespitzt, zart; die vierte Zehe ist circa $1^{3}/_{4}$ mal so lang wie die dritte, diese etwas länger als die fünfte Zehe, welche am Aussenrande keine Hautfalte zeigt. Der Vorsprung des ersten kahnförmigen Knochens ist länglich, nicht scharfrandig. — Die Oberseite des Körpers ist wässerig braungrau, die kleinen länglichen, dunkleren Rückenflecken sind durch zahlreiche drüsige Falten getrennt, welche über die ganze Länge des Rückens hinlaufen. Kleine Wärzchen liegen in der Steissgegend, an der Hinterseite der Schenkel, etwas grössere und zugleich plattgedrückte Warzen in der Lendengegend und im hintersten Theile der Bauchseite. — Eine schwarzbraune Binde zieht längs dem Schnauzenrande, vom Auge und Tympanum unterbrochen, zur Achsel; unter dieser Binde liegt eine silberhelle, welche gleichfalls bis zur Achsel reicht und vom Oberkieferrande durch eine zweite schwärzliche Binde getrennt ist. Der Rand des Unterkiefers ist schwarz. Eine sehr schmale, an unserem Exemplare nur undeutlich ausgeprägte helle Linie läuft von der Schnauzenspitze zur Aftermündung. Die Oberseite der Extremitäten ist mit schief laufenden und vollkommen quer liegenden, breiten, schwärzlichen Binden geziert. An den Waden sind diese Querbinden durch eine weissliche Längslinie halbirt. Zahlreiche Poren liegen an der Unterseite des Körpers, eine bogenförmig gekrümmte Furchenlinie trennt Kehle und Brust. — Ein männliches Exemplar von Angola, im Tausche erhalten vom Herrn Dir. Bocage in Lissabon.

6. Art RANA HEXADACTYLA Less.

Syn. *Rana cutipora* Dum. Bibr. — *Phrynoderma cutiporum* Fitz., Ausb. l. c. p. 414.

Char. Finger und Zehen zugespitzt, letztere bis zur Spitze mit einer weiten Schwimmhaut, welche schwärzlich gesprenkelt ist, versehen; Rückenhaut dick, gerunzelt, ohne oder mit wenigen stark plattgedrückten Warzen, insbesondere in der Steissgegend; Bauchseite, Seiten des Körpers und Hinterseite der Schenkel mit zahlreichen platten Warzen, welche stellenweise regelmässige lange Reihen bilden; Schnauze dreieckig, mehr oder minder stark deprimirt, ohne deutliche Schnauzenkante; Tympanum zuweilen nicht deutlich sichtbar, etwas kleiner als das Auge: eine dicke Hautfalte zwischen den hinteren Augenwinkeln und drei zahnähnliche Vorsprünge am Unterkiefer: Extremitäten kurz, dick; ein schmales Tuberkel am Metatarsus; ein häutiger Saum am Aussenrande der ersten und letzten Zehe; Männchen mit einem kleinen Stimmsacke unter den Mundwinkeln; Rücken bräunlich oder schwärzlich einfärbig, zuweilen mit einem hellen Vertebralstreif und einer paarigen etwas breiteren Seitenbinde; Warzen am Bauche und an den Schenkeln silberweiss; Hinterseite der Schenkel häufig mit einem braunen Längsbande zwischen zwei schmäleren silberweissen Binden; Bauchseite einfärbig, weisslich oder mit zahllosen flammenähnlichen braunen Flecken.

Das Secret der Warzen, welches den zahlreichen Poren entfliesst, scheint in der Regel, wenigstens bei älteren Individuen, tief schwarz zu sein; drei grosse Exemplare, welche beim Einfangen an der Haut beschädigt wurden, sind vollständig an der Aussenseite sowie in der Mundhöhle mit einer schwarzen, dünnen Schichte überzogen, welche sich bei der leisesten Berührung auflöst; auch die inneren Bauchwandungen und die Eingeweide sind bei diesen Exemplaren schwarz gefärbt, bei den übrigen etwas kleineren, unbeschädigten Exemplaren weisslich. Bei einem am Rücken graubraun gefärbten Individuum sind die hinteren Extremitäten an der Oberseite querüber dunkelbraun gebändert und den ganzen mittleren Theil des Rückens nimmt ein sehr grosser, viereckiger, in die Länge gezogener Fleck mit etwas verschwommenen Rändern ein.

Diese Art erreicht übrigens eine sehr bedeutende Grösse, scheint auf Ceylon und Madras häufig vorzukommen, und wurde daselbst von den Novara-Reisenden in mehreren grossen Exemplaren gesammelt. — Körperlänge des grössten Individuums unserer Sammlungen 3" 3‴ Länge der vorderen Extremitäten 1" 8½‴, der hinteren Extremitäten (von der Aftermündung bis zur Spitze der vierten Zehe) 4" 5‴. — Die Querfortsätze des Sacralwirbels sind im Durchschnitte dreieckig, schmal und zunächst dem äusseren Ende ein wenig breiter als in dem mittleren Theile.

7. Art RANA CYANOPHLYCTIS Schneid.

Syn. *Rana bengalensis* Gray. — *Rana Leschenaultii* Dum. Bibr. — *Euphlyctis Leschenaultii* Fitz. Ausb. l. c. p. 414.

Char. Schnauze mässig lang, etwas zugespitzt, ohne deutliche Kante, ziemlich hoch; Tympanum in der Regel ganz deutlich sichtbar, ebenso gross oder etwas kleiner als das Auge; zwischen den hinteren Augenwinkeln zuweilen eine quere Verbindungsfalte; Körperhaut dünn, mit kleinen zahlreichen Warzen und rundlichen braunen Flecken am Rücken oder nahezu glatt: Finger und Zehen zugespitzt oder selten an den Enden etwas angeschwollen: Zehen bis zur Spitze durch eine Schwimmhaut verbunden, erste und letzte Zehe mit einem Hautsaume am äusseren Rande; Metatarsus nur mit einem zugespitzten Tuberkel; Bauchseite völlig glatt mit einzelnen Poren; Männchen mit einem weiten Stimmsacke, zu dem ein ziemlich langer Schlitz führt: eine weissliche Längsbinde an der Hinterseite der Schenkel, unter dieser ein brauner Streif mit weisslichen Warzen gesprenkelt; zuweilen eine weissliche Binde an den Seiten des Körpers; Bauchseite bei manchen Exemplaren, insbesondere zunächst den Rändern, schwarzbraun getüpfelt.

Diese Art hat in vieler Beziehung grosse Ähnlichkeit mit *Rana hexadactyla*, so z. B. in der Zeichnung der Hinterseite der Schenkel, erreicht jedoch keine bedeutende Grösse und zeigt niemals Warzenreihen am Bauche. — Zwölf kleine Exemplare, von denen das grösste kaum 1 2/3" in der Körperlänge misst, von Madras.

Gatt. STRONGYLOPUS Tsch.

Syn. *Rana* spec. Dum. Bibr.

Char. Körpergestalt gestreckt; Kopf schmal; hintere Extremitäten und Zehen insbesondere auffallend lang: letztere ohne Schwimmhaut: Gaumenzähne in gleicher Linie mit dem vorderen Rande der inneren Nasenöffnungen beginnend, in zwei nach hinten schwach convergirenden Reihen; Tympanum mehr oder minder deutlich sichtbar: Zunge länglichrund, gelappt.

1. Art STRONGYLOPUS GRAYI Steind.

Syn. *Rana Grayi* Smith, Illust. of S. Afr. Rept. pl. 78, Fig. 2. — *Strongylopus fasciatus* Fitz. (nec Tschudi) Ausb. p. 414. — *Strongylopus Delalandii* Fitz. (nec *R. Delalandii* D. B.) ibid.

Char. Kopf fast ebenso lang wie breit; Schnauze von mässiger Länge, gewölbt; Rücken mit rundlichen oder länglichen, bräunlichen Flecken in 4—6 Längsreihen, mit schwach entwickelten, drüsigen Längsfalten und Warzen, bei jungen Individuen zuweilen glatt: eine Querbinde zwischen den Augen von gleicher Färbung mit den Rückenflecken; zuweilen eine gelbliche Vertebrallinie; Gaumenzähne auf wenig erhöhten, schwach nach hinten convergirenden Leisten; Zunge ziemlich dick, gross, rundlich mit kleinen Lappen: vierte Zehe circa 1 1/4 mal so lang wie der Kopf und circa zweimal so lang wie die dritte Zehe.

Sämmtliche von Fitzinger als *Strong. Delandii* und *St. fasciatus* bestimmte Arten gehören zu *Strong. (Rana) Grayi* Smith, und entbehren jeder Spur einer Schwimmhaut zwischen den Zehen. — Vom Cap der guten Hoffnung in vierzehn Exemplaren, von denen eilf Exemplare nur je einen Zoll in der Körperlänge messen.

2. Art STRONGYLOPUS FASCIATUS Tschudi.

Syn *Strongylopus oxyrhynchus* Fitz., Ausb. p. 414. — *Rana fasciata* Dum. Bibr., Smith Illust. of S. Afr. Rept. pl. 78, Fig. 1.

Char. Kopf und Schnauze insbesondere schmal, lang; letztere nasenförmig über den vorderen Mundrand vorgezogen: Tympanum klein, häufig nicht deutlich sichtbar: Rücken mit 6—8 zarten, schwach erhöhten Längsfalten, selten glatt: mit schwärzlichen Längsbinden, die sich zuweilen in einzelne Flecken auflösen; sehr häufig eine gelbliche Vertebrallinie zwischen der Schnauzenspitze und dem After; sämmtliche Zehen sehr lang, ohne Schwimmhäute; vierte Zehe fast 1½mal so lang wie der Kopf und 2mal so lang wie die dritte Zehe; Zunge länglich; Vorsprung am Metatarsus zugespitzt, etwas kleiner als bei Strong. Grayi; Gaumenleisten sehr schwach nach hinten convergirend, stärker entwickelt und etwas länger als bei St. Grayi.

Weder St. Grayi noch St. Fasciatus besitzen die geringste Spur einer Schwimmhaut zwischen den Zehen. Was man bisher als solche annahm, ist nichts anderes als die dünne Haut, welche nur die langen Metatarsen verbindet, aber nicht über das Phalango-Metatarsalgelenk reicht. — Von beiden Arten besitzt das Wiener Museum zahlreiche Exemplare in verschiedenen Altersstufen von ⅔—1⅔" Körperlänge, zum Theile von Frau Ida Pfeiffer am Cap der guten Hoffnung gesammelt. Die hinteren Extremitäten von *Strongylopus fasciatus* sind bei grösseren Individuen 2½mal, bei *St. Grayi* dagegen nur unbedeutend mehr als 2mal so lang wie der Körper.

Gatt. CYSTIGNATHUS TSCH., WAGL.

Char. Finger und Zehen frei, letztere in der Regel mit einem zarten Hautsaume an den Rändern, Gaumenzähne in zwei quer liegenden, gebogenen oder convergirenden, geradlinigen Reihen zwischen oder etwas hinter den inneren Nasenöffnungen; Tympanum deutlich oder undeutlich sichtbar; Zunge oval, ganzrandig oder schwach eingebuchtet; Männchen mit einem einfachen Subgular- oder einem doppelten seitlichen Stimmsack.

Dr. Fitzinger trennt das Geschlecht *Cystignathus* in zwei Gattungen, und reiht in das Geschlecht *Cystignathus s. str.* nur jene Arten ein, bei welchen das Tympanum deutlich sichtbar ist, und die Gaumenzähne in zwei gebogenen, quer gestellten Reihen liegen, während alle Arten mit undeutlich sichtbarem, kleinem Tympanum und geradlinigen, convergirenden Gaumenleisten in das Geschlecht *Eupsophus* vereinigt werden.

a. Cystignathus s. str. Fitz.
1. Art CYSTIGNATHUS OCELLATUS sp. Lin. Wagl.

Syn. *Rana pachypus* Spix. — *Cystignathus pachypus* Wagl., Fitz. Ausb. l. c. p. 414.

Char. Kopf dreieckig, vorne abgestumpft, Rücken mit zahlreichen Längsfalten (bei jüngeren Individuen) oder nur mit einer paarigen Randfalte; Zunge herzförmig, gross, hinten etwas eingebuchtet; Gaumenzähne in zwei gebogenen Reihen; Tympanum undeutlich sichtbar; Metatarsus in der Regel mit zwei Tuberkeln; das am Metatarsus der fünften Zehe gelegene Knötchen rund, klein, zuweilen fehlend; ein länglicher Ballen am Metacarpus des Daumens, bei Männchen gross und mit einem kleinen stacheligen seitlichen Auswuchse; ein zweiter grosser, breiter Stachel am vorderen Ende des Daumen-Metacarpus, gleichfalls nur bei Männchen; Rücken mit rundlichen oder viereckigen Flecken in grösserer oder geringerer Zahl; ein dreieckiger Fleck zwischen den Augen, bei jüngeren Individuen viel *länger als bei älteren: eine bogenförmige Binde von der Schnauzenspitze bis zur Achselgegend; Kieferränder einfärbig oder gefleckt; Bauchseite weisslich, zuweilen dicht bräunlich gesprenkelt oder bräunlich mit weissen Flecken; ein paariger Kehlsack mit langer Schlitzöffnung bei Männchen.*

Schon bei ganz jungen Männchen von kaum 1½" Körperlänge entwickelt sich zur Fortpflanzungszeit am vorderen Ende des Daumenmetacarpus, sowie an der Aussenseite des länglichen Ballens an der Basis des Metacarpus des Daumens ein spitziger Stachel mit einem schwarzen hornigen Überzuge und erreicht bei alten Männchen, die durch die auffallende Dicke der vorderen Extremitäten ausgezeichnet sind, eine bedeutende Grösse und Stärke; bei den Weibchen fehlen diese Stacheln. An der Symphyse des Unterkiefers bemerkt man stets eine zahnähnliche Erhöhung. — Das Knötchen am Metatarsus der ersten Zehe erreicht keine besondere Grösse und ist länglich, zugespitzt; ein zweites kleineres, rundliches Tuberkel kommt in der Regel am Metatarsus der fünften Zehe vor, und fehlt unter 40 Exemplaren, die ich untersuchte, nur an dreien; bei einem Individuum fehlt es nur an einer Seite. — Brasilien in vier Exemplaren, in der Umgebung von Rio Janeiro gesammelt von Herrn Zelebor.

2. Art CYSTIGNATHUS LABYRINTHICUS sp. Spix.

Syn. *Rana labyrinthica* Spix. — *Cystignathus labyrinthicus* Dum. Bibr. — *Pleurodema labyrinthicum* Günth. — *Rana marginata* Mus. Vindob.

Char. Kopf breit, vorne in einem weiten Bogen, insbesondere bei alten Individuen, stark abgerundet; Rückenhaut mit zahlreichen Längsfalten bei jungen Individuen, nur mit einer paarigen, dicken Randfalte des Rückens und einer zweiten Falte an den Seiten des Körpers bei alten Individuen; Tympanum deutlich sichtbar; Gaumenzähne in fast dreieckig gebogenen Reihen quer zwischen oder etwas hinter den inneren Nasenöffnungen; Zunge oval, gross, hinten seicht eingebuchtet; Metatarsus mit einem oder zwei Tuberkeln, jenes am Metatarsus der ersten Zehe stets vorhanden; Hautsäume an den Rändern der Zehen fehlend oder nur als ein zartes Leistchen, insbesondere am Aussenrande der ersten Zehe schwach angedeutet; Zehen und Finger cylindrisch, bei alten Individuen an der Spitze stark angeschwollen; ein grosser Ballen an der Basis des Daumens, eine zweite mehr flachgedrückte Schwiele an der Handfläche unter den zwei letzten Fingern; Männchen mit zwei Spaltöffnungen zum grossen, einfachen Kehlsack, der nicht seitlich nach Aussen vordringt; vordere Extremitäten bei alten Männchen äusserst stark verdickt; ein Stachel am vorderen, ein zweiter minder deutlich vortretender Stachel am hinteren Ende des Daumen-Metatarsus, jederseits 2—3 grosse Stacheln auf gemeinschaftlicher Basis an der Brust, zahllose kleine gleichfalls schwarze Stachelchen an der Kehle nur bei männlichen Individuen zur Laichzeit; eine schmale, schwarzbraune Binde zwischen der Schnauzenspitze und der Achselgegend; zahlreiche flammenförmige Querflecken mit dunklen Rändern von der Schnauzenkante und dem unteren Augenrande zum Unterkieferrande herablaufend; Extremitäten quer gebändert, eine Binde zwischen den Augen: zahlreiche Flecken in regelmässigen Reihen am Rücken, bei älteren Exemplaren zu grossen Querbinden sich vereinigend, oder gänzlich fehlend; grosse Drüsen an den Seiten des Körpers bei alten Individuen.

Von dieser Art besitzt das Wiener Museum zwei kleine Weibchen von 2—2½″ Länge, welche genau der von Spix gegebenen Abbildung (Spec. nov. Ran. Bras. tab. VII. fig. 1—2) entsprechen und zwei riesige Männchen mit grossen, schwarzen Stachelgruppen an der Brust. Die vordere Extremität ist bei letzteren Exemplaren auffallend stark angeschwollen; ein grosser breiter Stachel mit schwarzem Überzuge ragt am vorderen Ende des Daumenmetacarpus nach Aussen weit vor, ein zweiter liegt am unteren Ende desselben Knochens zum grössten Theile in dem grossen Daumenballen verborgen.

Ganz junge Weibchen zeigen zahlreiche, zum Theile in längliche Warzen aufgelöste Längsfalten, bei den beiden alten Männchen in der Sammlung des Wiener Museums ist nur eine paarige Randfalte am Rücken und eine zweite an den Seiten des Körpers entwickelt. Letztere beginnt gemeinschaftlich mit der Randfalte des Rückens am hinteren Augenwinkel, zieht aber hierauf unter einem spitzen Winkel über den oberen Rand des Tympanums, sendet einen kurzen Ast dem hinteren Rande des Tympanums entlang zur Achselgegend und verliert sich mit dem Hauptaste in der Lendengegend. In dieser liegt bei alten Exemplaren (nicht aber bei jungen) eine riesige, aber nur wenig gewölbte, niedrige Drüse; eine zweite, gleichfalls sehr umfangreiche Drüse bemerkt man hinter der Achsel; zwischen beiden findet sich öfters noch eine Reihe kleinerer Drüsen vor. Bei jungen Individuen ist nicht die geringste Spur derselben vorhanden. — Die Bauchseite ist bräunlich marmorirt oder einfärbig schmutziggelblich. — Brasilien.

Art CYSTIGNATHUS TYPHONIUS Dum., Bibr.

Syn. *Rana typhonia* Daud. — *Rana sibilatrix* Wied. — *Cystignathus fuscus* (Schn.) Günth.

Char. Kopf stark zugespitzt, Schnauze nasenförmig über den Mundrand vorragend; Zunge etwas breiter als bei C. ocellatus und labyrinthicus, hinten seicht eingebuchtet; Gaumenzähne in zwei schwach gebogenen Reihen hinter den inneren Nasenöffnungen; Zehen ohne Hautsäume an den Rändern: Männchen mit einem paarigen, nach aussen vorstülpbaren Kehlsack; Metatarsus mit einem länglichen Vorsprung des ersten kahnförmigen Knochens, zuweilen ein zweites kleines, rundes Tuberkel am Metatarsus der fünften Zehe; Rückenhaut mit Längsfalten; Wärzchen an den Seiten des Körpers; zahlreiche Flecken mit dunklerer Umrandung am Rücken, sehr selten fehlend; Querbinden an den Extremitäten.

Obwohl Prinz Max. von Wied die gelungenste Abbildung dieser kleinen Art (im Verhältniss zu den beiden früher beschriebenen Arten) unter dem Namen *Rana sibilatrix* gibt, wurde doch letztere von Dumeril, Bibron und Günther unter die Synonyma von *Cyst. ocellatus* gebracht, von den Herren Reinhardt und Lütken aber, wie ich glaube, ganz richtig gedeutet. *Cyst. typhonius* unterscheidet sich von *C. ocellatus* durch die stets geringere Grösse, den Mangel von Hautsäumen an den Zehen und zeigt an männlichen Individuen, nach den Exemplaren des Wiener Museums zu schliessen, keine Stacheln am Daumen. Die beiden, dunkelbraun gefärbten Kehlsäcke der Männchen dringen seitlich nach aussen weit vor, während sie bei *C. ocellatus* nicht seitlich ausstülpbar sind; *Cyst. labyrinthicus* besitzt endlich nur einen einfachen Kehlsack. — In der Regel trägt der Rücken mehrere Längsfalten, bei älteren Individuen aber ist häufig wie bei den früher erwähnten *Cystignathus*-Arten nur eine Randfalte und unter dieser eine zweite Falte an jeder Seite des Körpers entwickelt. Die Querbinde zwischen den Augen löst sich zuweilen in mehrere kleine Flecken auf, während die Flecken am Rücken öfters zusammenfliessen oder ganz verschwinden. — Brasilien.

b. *Eupsophus Fitz.*

4. Art. CYSTIGNATHUS (EUPS.) FULIGINOSUS sp. Fitz.

Char. Kopf oval: ein länglicher, ziemlich grosser Ballen am Metacarpus des Daumens; ein zweiter Knoten an den Metacarpusknochen der übrigen Finger rundlich: Vorsprung des ersten kahnförmigen Knochens klein. länglich: Schnauze vorne abgestumpft, ohne Kante: Unterkiefer in der Mitte mit einer zahnähnlichen Erhöhung: Zügelgegend kaum eingedrückt: Gaumenleisten schwach entwickelt, nach hinten convergirend: Augen gross. Tympanum sehr klein, kaum sichtbar: Öffnungen der Eustachischen Tuben sehr klein: Rücken und Bauch braun, ersterer mit schwach entwickelten Falten: kleine, zahlreiche Warzen an den Seiten des Körpers: Bauchseite glatt und wie die Unterseite der Extremitäten dicht weiss punktirt oder gesprenkelt: eine helle Binde zwischen den Augen: Oberkieferrand und Oberseite der Extremitäten bis zur Spitze der Zehen und Finger. welche keine Hautsäume an den Rändern besitzen, abwechselnd schwarz und gelbbraun gebändert, Binden am Rande zuweilen hellgelb gesäumt oder punktirt; undeutliche, kleine, schwärzliche Flecken an den Seiten des Körpers: eine winkelig gebrochene erhabene Linie mit nach vorne gekehrter Spitze am vorderen Theil des Rückens, hinter dieser Linie zwei kleine schwarze Flecken.

Der an der Basis ziemlich breite Kopf verschmälert sich mässig nach vorne und ist an der Oberseite nur schwach gewölbt. Die grosse Mundspalte ist etwas breiter wie lang. Die grossen, kugeligen Augen treten stark nach aussen vor; ziemlich weit hinter denselben liegt das kleine länglichrunde Trommelfell, welches nur im Umrisse sichtbar ist. — Die Gaumenleisten sind schwach entwickelt, convergiren nach hinten, und beginnen am hintern Theile des Innenrandes der inneren Nasenöffnungen. Die Spitzen der Zehen und Finger sind knopfförmig aufgetrieben; der Daumen ist etwas kürzer als der darauffolgende Finger, dieser gleichfalls kürzer als der letzte, der mittlere circa um   länger als der vierte. Die Zehen nehmen von der ersten bis zur vierten sehr rasch an Länge zu, die dritte Zehe ist nur unbedeutend länger als die fünfte.

Ein kleines Weibchen von kaum 11‴ in der Körperlänge aus der Umgebung von Rio Janeiro durch Herrn Zelebor.

Gatt. LIMNODYNASTES FITZ.

Syn. *Cystignathus* spec. Dum., Bibr.

Char. Körpergestalt mässig gedrungen; hintere Extremitäten und Zehen in der Regel lang: Finger und Zehen frei; Zunge herzförmig, gross, ziemlich breit, hinten schwach eingebuchtet oder ganzrandig: Gaumenzähne in einer langen, in der Mitte kaum unterbrochenen Querreihe hinter den inneren Nasenöffnungen; Männchen mit einem Kehlsack; Tympanum mehr oder minder undeutlich sichtbar; Vorsprung am Metatarsus länglich, nicht scharfrandig, nur mässig entwickelt.

1. Art. LIMNODYNASTES TASMANIENSIS Günth.

Syn. *Limnodynastes Peronii* Fitz. Ausb. etc. p. 414, part.

Char. Metatarsus mit zwei kleinen Tuberkeln; 3—2 längliche Ballen an den Metacarpusknochen, der am Metacarpus des Daumens befindliche etwas grösser als jeder der übrigen; Zunge hinten schwach eingebuchtet; Tympanum ziemlich deutlich sichtbar; Zehen zuweilen mit einem mehr oder minder deutlich entwickelten Hautsaume an den Rändern; breite Hautsäume an den zwei inneren Zehen bei Weibchen; Rückseite glatt mit länglichen und rundlichen, dunkelbraunen Flecken in etwas grösserer oder geringerer Anzahl, die zunächst der Mittellinie des Rückens gelegenen Flecken stets grösser als die seitlichen; eine bogenförmige Binde zwischen der Schnauzenspitze und der Achselgegend; Oberseite der Extremitäten querüber gebändert oder gefleckt.

Die vier kleinsten von Fitzinger als *L. Peronii* bezeichneten Exemplare aus der Novara-Sammlung stimmen ganz genau mit Dr. Günther's vortrefflicher Beschreibung von *L. tasmaniensis* überein; zwei derselben besitzen einen deutlich entwickelten Vertebralstreif, bei dem dritten Exemplare ist letzterer nur stellenweise angedeutet und fehlt endlich bei dem vierten Individuum. Die Rückenflecken variiren an Zahl und Grösse sehr bedeutend und liegen in 3—10 Längsreihen. Bei zwei Exemplaren ist eine lange dreieckige Querbinde mit nach hinten gekehrter Spitze vorhanden, bei den übrigen in kleinere Flecke aufgelöst. — Zwischen der Schnauzenspitze und der Achselgegend zieht sich eine schmale braune Binde hin und ist am unteren Rande, und zwar vom hinteren Ende des Auges angefangen, von einer drüsigen, mässig erhöhten, stumpfen Leiste von weisslicher Färbung begrenzt. — An den Metacarpus- (nach Dr. Günther Carpus-) Knochen liegen fast immer drei längliche Ballen, von denen der dem Daumen angehörige grösser ist als jeder der beiden übrigen. Letztere liegen dicht neben einander, und fliessen zuweilen in einen Ballen zusammen; bei einem Exemplare der älteren Sammlung ist auf einer Seite der Ballen am Metacarpus des vierten Fingers nicht entwickelt. Aus diesem Grunde möchte ich *Lim. affinis* Günth. (An. & Mag. of Nat. Hist., Vol. XI.; III. Ser. pag. 27) kaum für specifisch verschieden von *L. tasmaniensis* halten, zumal sich auch bei den von mir untersuchten Exemplaren von *L. Kreftii* Günth. häufig auf einer Seite drei, auf der anderen nur zwei, oder aber jederseits drei ovale Ballen auf den Metacarpusknochen vorfinden, während Dr. Günther an den Exemplaren des britischen Museums, deren nur zwei auf jeder Seite bemerkt.

2. Art. LIMNODYNASTES KREFTII Günth.

Syn. *Limnodynastes Peronii* Fitz. part., Ausb. l. c. p. 414.

Char. Metatarsus mit nur einem Tuberkel versehen, 2—3 Ballen am Metacarpus; Rücken mit schwärzlichen Flecken, die in der Regel zu vier Längsbinden zusammenfliessen; schwach entwickelte Hautsäume an den Zehen bei beiden Geschlechtern; breite Hautfalten an den Seiten der zwei inneren Finger bei Weibchen;

keine Drüsen an den hinteren Extremitäten; Rückenhaut ganz glatt oder sehr selten mit schwach entwickelten Längsfalten an den Seiten der Rückenbinden.

Von dieser Art besitzt das Wiener Museum eine beträchtliche Zahl in verschiedenen Altersstufen. In der Regel kommt ein ziemlich breiter, gelblicher, selten rosenrother Vertebralstreif vor; zuweilen aber ist er nur hie und da angedeutet, oder fehlt gänzlich. In den beiden letzteren Fällen fliessen die mittleren, schwarzen Längsbinden stellenweise zusammen, breiten sich auf der Stirne nach Art eines Dreieckes aus, und deuten hiemit das Vorkommen eines, bei jungen Exemplaren fast immer isolirten Stirnfleckes an. Zwischen den vier Binden, seltener auf den Mittelbinden selbst, liegen häufig zahlreiche Pünktchen, an den Seiten des Rumpfes kleine Flecken zerstreut. Die schwarze Rostralbinde setzt sich bis zur Achselgegend fort und ist hinter dem Auge nach unten von einer drüsigen, weissen, seltener rosenroth gefärbten erhabenen Leiste begränzt. Bei Männchen von circa $2^{1}/_{2}$ Körperlänge finde ich die vorderen Extremitäten stark verdickt und die Daumenschwiele bedeutend entwickelt. Aus letzterer ragt ein kleiner Stachel hervor, ein zweiter grösserer Stachel liegt am vorderen Ende des Daumenmetacarpus. Nur bei einem Männchen von $2^{1}/_{2}$″ Körperlänge sind die hinteren Extremitäten an der Oberseite und die Steissgegend des Rückens mit zahllosen, punktförmigen Wärzchen übersäet. Bei Weibchen tragen die beiden inneren Finger am Innenrande ziemlich breite, dicke Hautleisten, während letztere bei den Männchen stets fehlen. Die Gelenkballen sind an den Fingern stärker entwickelt als an der Zehen. — Umgebung von Sydney.

3. Art. LIMNODYNASTES SALMINI n. sp.

Char. Körpergestalt gedrungen, Cystignathus-ähnlich; Kopf elliptisch, deprimirt; Gaumenzähne in zwei, in der Mitte kaum unterbrochenen, scharf gebogenen, sehr langen Querreihen hinter den inneren Nasenöffnungen; Unterkiefer in der Mitte knopfförmig erhöht; Rückenhaut fein und dicht granulirt, insbesondere an der Oberseite der hinteren Extremitäten, oder aber glatt; eine sehr stark entwickelte drüsige Falte zwischen dem hinteren Augenwinkel und der Wurzel des Oberarmes; Tympanum von der dicken Körperhaut überdeckt; Metacarpus mit drei länglichen Ballen; Metatarsus mit nur einem Tuberkel; Zehen ohne Hautsäume; die beiden inneren Finger mit seitlichen, verdickten Hautfalten bei Weibchen; Rücken und Extremitäten mit unregelmässigen, grossen, stellenweise in Längsbinden zusammenfliessenden Flecken von schwarzer Färbung; zuweilen eine rosenrothe Vertebrallinie; zwei ziemlich breite, rosenrothe Binden von halbmondförmiger Krümmung an den Seiten des Rückens; Lendengegend schwarz, mit zahlreichen, kleinen gelben Flecken; Hinterseite der Schenkel schwarz und gelb marmorirt oder auf schwarzem Grunde gelb gefleckt; keine Drüsen an den hinteren Extremitäten; Bauchseite ganz glatt, gelb; Kehle undeutlich dunkel marmorirt; ein dreieckiger schwarzer Fleck zwischen den Augen; eine ebenso gefärbte Binde an der undeutlich entwickelten Schnauzenkante und hinter dem Auge, das Tympanum überdeckend, bis zur Achsel fortgesetzt; hintere Extremitäten bedeutend kürzer als bei den übrigen Arten desselben Geschlechtes; Zehen cylindrisch.

Zwei sehr gut erhaltene Weibchen, jedes von 2″ 4‴ Körperlänge, (Geschenk des Verfassers) aus Australien.

Gatt. CERATOPHRYS BOIE, DUM., BIBR.

Syn. *Stombus Gravenh.* Fitz.

Char. Körpergestalt gedrungen, Extremitäten kurz, Mundspalte weit; oberes Augenlid in eine Spitze nach Art eines Hornes verlängert: Finger frei; Zehen durch eine Schwimmhaut unvollständig verbunden: Zunge herzförmig, Tympanum undeutlich sichtbar; Gaumenzähne in zwei Gruppen zwischen den inneren Nasenöffnungen.

Art. CERATOPHRYS BOIEI Wied, Dum., Bibr.

Syn. *Stombus granosus* Fitz. — *Ceratophrys granosa* Cuv.

Char. Rückenhaut ohne Knochenschilder; hornähnlicher Fortsatz des oberen Augenlides lang, zugespitzt: Tympanum kaum oder nicht sichtbar; Stirn grubenförmig stark vertieft, Schnauzenkante leistenförmig erhöht; Rücken mit einer warzigen, ein weites Dreieck bildenden Leiste, deren bogenförmig gekrümmte Basis an der Stirne liegt und deren Spitze bis zum After reicht: drei grosse längliche Ballen am Metacarpus, ein Tuberkel am Metatarsus: Zehen durch ein Schwimmhautrudiment zunächst der Basis verbunden; Bauchseite auf gelblichem Grunde schwarz gefleckt: ein schwarzer dreieckiger Fleck auf der Stirne; Extremitäten und Seitenabfall des Kopfes mehr oder minder deutlich quer gebändert; zahnlose, kleine, rundliche Warzen über den ganzen Körper zerstreut.

Ein schönes Exemplar aus der Umgebung von Rio Janeiro durch R. v. Frauenfeld.

FAMILIE
DISCOGLOSSIDAE.
(Discoglossidae et Asterophrydidae Günth.)

Char. Querfortsätze des Sacralwirbels plattgedrückt, dreieckig; Zehen mit oder ohne Schwimmhäute: keine Parotiden.

Gatt. DISCOGLOSSUS OTTH.

Char. Körpergestalt Rana-ähnlich; Finger frei, Zehen nur sehr unvollkommen durch eine Schwimmhaut verbunden: Gaumenzähne in einer Querreihe hinter den inneren Nasenöffnungen; Tympanum undeutlich sichtbar: Männchen ohne Stimmsack, Zunge rund, ganzrandig oder am hintern Rande sehr schwach eingebuchtet.

Art. DISCOGLOSSUS PICTUS Otth.

Char. Kopf dreieckig, Schnauze ohne deutlich vorspringende Kante, vorne abgestumpft; Metacarpus mit drei, bei Männchen sehr stark entwickelten, rundlichen Ballen; Metatarsus mit einem stark ausgebildeten Vorsprung: Rücken oliven-

farben mit grösseren oder kleineren Warzen und dunkel gefleckt: Flecken zuweilen zusammenfliessend; eine Querbinde auf der Stirne, eine bogenförmige Binde zwischen der Schnauzenspitze und der Achsel; Extremitäten quer gebändert.

Obwohl die von uns untersuchten Exemplare Männchen sind, bildet die Schwimmhaut nur eine schmale Querbrücke zunächst der Basis der Zehen, setzt sich aber ein zarter, schmaler Saum an den Seiten der Zehen fast bis zu deren Enden fort; die Hinterseite der Schenkel ist bei eben diesen Individuen mit zahlreichen, kleinen Wärzchen besetzt. Grössere Warzen liegen an der Oberseite der Waden und Schenkel. Die Rückenwarzen sind am grössten in der Steissgegend. — Südliches Spanien.

Gatt. CYCLORANA nov. gen.

Char. *Körpergestalt sehr gedrungen, Kopf breit; Tympanum deutlich sichtbar; Extremitäten kurz, Mundspalte weit; Gaumenzähne auf zwei Querleisten, welche die vorderen Ränder der inneren Narinen verbinden; eine stark vorspringende Querleiste hinter den inneren Narinen; Vorsprung des ersten kahnförmigen Knochens stark entwickelt; Finger frei, Zehen mit unvollständigen Schwimmhäuten; Daumen den übrigen Fingern entgegenstellbar; Querfortsätze des Sacralwirbels sehr gross, dreieckig, platt; Männchen mit einem einfachen Stimmsacke an der Kehle; Rückenhaut mit zahlreichen, kleinen rundlichen Wärzchen; Zunge rund.*

Art. CYCLORANA NOVAE HOLLANDIAE n. spec.

Char. *Eine tiefe Furche an der Mittellinie der Stirne, Knochen an den Seiten des Kopfes an der Aussenseite rauh; Zügelgegend stark eingedrückt; äussere Narinen etwas weiter von der Schnauzenspitze als vom vorderen Augenwinkel entfernt, Tympanum ganz deutlich sichtbar, viel kleiner als das Auge; Zunge rund, hinten sehr seicht eingebuchtet; Unterkiefer in der Mitte zahnähnlich erhöht; Finger kurz; Metacarpus mit zwei sehr grossen, flachen Ballen; Daumen bedeutend länger als der darauffolgende sehr kurze Finger, grosse Gelenkballen an den Fingern; Vorsprung des ersten kahnförmigen Knochens stark entwickelt, zuweilen ein kleines Tuberkel am Metatarsus der fünften Zehe (bei Männchen); erste Zehenglieder durch eine Schwimmhaut, welche sich aber als äusserst zarter Saum an den Rändern der Zehen weiter fortsetzt, verbunden; dritte Zehe etwas länger als die fünfte, vierte Zehe circa $1^{1}/_{3}$mal so lang wie die dritte; eine Hautfalte am inneren Tarsusrande; Rücken und Bauch mit dicht aneinander gedrängten Warzen übersäet; Kehle nur bei Weibchen glatt; eine Hautfalte quer über die Brust laufend; eine ziemlich stark entwickelte warzige Leiste an den Seiten des Rückens; eine Hautfalte zwischen dem hinteren Augenwinkel und der Wurzel des Oberarmes; Rücken und Oberseite der Extremitäten hell röthlichbraun oder hellgrau, dicht dunkel blaugrau marmorirt; Bauch gelblich; Kehle bei Männchen blaugrau, bei Weibchen gelblich und schwach grau marmorirt; eine breite blau-*

graue Binde längs der Schnauzenkante, hinter dem Auge an Breite zunehmend und das Trommelfeld einschliessend.

Ein Männchen und ein Weibchen, deren jedes 2″ 7‴ in der Körperlänge misst; von Rockhampton, nördlich von Sydney im Binnenlande. (Geschenk des Verfassers.)

Gatt. CRYPTOTIS GÜNTH.

Char. Körpergestalt ziemlich gedrungen, Cystignathus-ähnlich; Finger und Zehen frei; Zunge gross, länglichrund, am hinteren Rande seicht eingebuchtet; Gaumenzähne in zwei kurzen, nach hinten convergirenden Reihen hinter und zwischen den inneren Nasenöffnungen; Tympanum verborgen, an jeder Seite des Symphysenknöpfchens des Unterkiefers eine spitze, zahnähnliche Erhöhung.

Art. CRYPTOTIS BREVIS Günth.
(An. & Mag. of Nat. Hist. Vol. XI.; Ser. III., pag. 28.)

Char. Zahnähnliche Vorsprünge am Unterkiefer bei Männchen sehr stark, bei Weibchen mässig oder nur schwach entwickelt; Kopf deprimirt, oval; Schnauze länger als das mittelgrosse Auge mit abgestumpfter Kante; äussere Narinen sehr klein, ein wenig näher zum Auge als zur Schnauzenspitze gelegen; Tympanum kleiner als das Auge, unter der Körperhaut verborgen, über und zum Theile hinter den Mundwinkeln gelegen; Finger und Zehen mit schwach verdickten Enden, Zehen mit schwach entwickelten Hautsäumen, die beiden inneren Finger bei Weibchen mit breiten, etwas verdickten Hautfalten an den Seitenrändern; Metacarpus mit zwei grossen, rundlichen Ballen; Metatarsus nur mit einem ovalen Vorsprunge; Rücken und Oberseite der Extremitäten, Unterseite der Tarsen und Fusssohle mit rundlichen, zerstreut liegenden Wärzchen besetzt; Bauchseiten, wenigstens bei Weibchen ganz glatt; Männchen mit einem Stimmsack; ein grosser schwärzlicher, dreieckiger Fleck auf der Stirne, unmittelbar vor demselben eine helle Querbinde; Rückenseite, grau oder schmutzig-olivenfarben mit zarten, dunkleren Marmorirungen, und einigen grösseren schwärzlichen Flecken am Vorderrücken und etwas hinter dem Sacralwirbel, welche sich häufig querüber bogenförmig vereinigen; Extremitäten und Seitenabfälle des Kopfes mit schwarzen Querbinden; Bauchfläche gelb oder weiss, mit tiefschwarzen Flecken netzförmig überzogen; Kehle schwarzbraun mit feinen gelben Pünktchen und Flecken gesprenkelt.

Vier Weibchen aus der Umgebung von Sydney. (Geschenk des Verfassers.)

Gatt. PTEROPHRYNUS LTK.

Syn. *Camariolius* Pet.

Char. Körpergestalt schlank; Zähne im Oberkiefer, keine am Gaumen; Zunge länglich, schmal, ganzrandig; Finger und Zehen frei, letztere mit oder (nach Günther) auch ohne Hautsäume; Fortsätze des Sacralwirbels schmal, schwach *dreieckig, ziemlich plattgedrückt; keine Parotiden; Trommelfell nur im Umrisse undeutlich sichtbar, Gehörtuben sehr eng; Männchen mit einem Kehlsack.*

Da nach Dr. Günther bei *Pterophrynus verrucosus* Ltk. keine Parotiden vorhanden sind, so ist, wie derselbe Autor bemerkt, das Geschlecht *Camariolius* Pet. mit *Pterophrynus* Ltk. zu vereinigen.

1. Art. PTEROPHRYNUS VARIUS spec. Pet.

Syn. *Camariolius varius* Pet., Berl. Monatsb. Jahrg. 1863, pag. 236. — *Pseudophryne australis* Fitz. part., Ausb. l. c. p. 415.

Char. *Oberseite des Körpers glatt oder mit zahlreichen Wärzchen und unregelmässigen kurzen Falten besetzt; Metatarsus mit zwei Knötchen, Zehen mit schmalen Hautsäumen; Rücken olivengrün oder röthlichbraun mit grossen, dunkeln, heller gesäumten Flecken, die zuweilen querüber oder auch der Länge nach mehr oder minder vollständig zusammenfliessen; eine dreieckige Binde zwischen den Augen, zuweilen mit dem ersten Paare der Rückenflecken vereinigt, vor der Augenbinde ein hellgelber Querstrich, Extremitäten und Seiten des Kopfes mit Querflecken oder Querbinden; Bauchseite bräunlich, glatt (bei Weibchen) oder mit dicht gedrängten Warzen, insbesondere an der Kehle (bei Männchen), stets wie die Unterseite der Extremitäten mit grösseren und kleineren weisslichen oder gelblichen Flecken und Linien in grösserer oder geringerer Zahl besetzt; Kehle bei Männchen schwarz.*

Ein halb vertrocknetes Exemplar aus der Umgebung von Sydney (durch H. Zelebor), drei vorzüglich gut erhaltene Exemplare durch H. Salmin aus Neu-Südwales (Geschenk des Verfassers).

2. Art. PTEROPHRYNUS FASCIATUS n. sp.

Char. *Rücken dunkelbraun mit schwach röthlichem Stiche, mit stark entwickelten drüsigen Längsfalten und zwei schwarzen Längsbinden; eine paarige Binde von gleicher Farbe an den Seiten des Körpers zwischen der Achselgegend und den Lenden; eine bogenförmige Rostralbinde von der Schnauzenspitze bis zur Wurzel des Oberarmes; Extremitäten und Seiten des Kopfes quergebändert; Metatarsus mit zwei zarten Knötchen; Zehen mit schmalen Hautsäumen; Bauchseite mit dicht gedrängten Warzen besetzt, gelblich mit schwärzlichen Flecken oder Marmorirungen; Männchen mit einem einfachen Kehlsack, zu dem zwei lange Spaltöffnungen führen; Kehle bei Männchen schwärzlich; Afterrand hellgelb, ein schwach entwickelter Hautsaum am inneren Tarsenrande.*

Körpergestalt wie bei *Pt. varius*. In der Körperzeichnung stimmen sämmtliche vier Exemplare, die ich zu untersuchen Gelegenheit hatte, und zwar ein Männchen und drei Weibchen, bis aufs kleinste Detail mit einander überein. Die Rückenseite zeigt stets mehrere, ganz deutlich vortretende Längsfalten und zwei schwarze Längsbinden; an den Seiten des Körpers beginnt senkrecht über der Wurzel des Oberarmes ein zweites Paar ebenso deutlich ausgeprägter Binden. Die Rostralbinde setzt sich hinter dem Auge unmittelbar bis zum Beginn der vorderen Extremitäten fort und wird von der früher erwähnten Seitenbinde des Rumpfes stets, und zwar ganz scharf durch einen ziemlich weiten Zwischenraum getrennt, der durch einen schwarzen Strich halbirt ist. Die Bauchfläche ist stets warzig, die Kehle bald ganz glatt oder gleichfalls mit Warzen besetzt, und zwar bei Männchen viel stärker als bei Weibchen.

Von *Pt. tasmaniensis* und *affinis* Günther unterscheidet sich diese Art durch das Vorkommen zahlreicher Längsfalten am Rücken (bei beiden Geschlechtern), so wie durch das Vorhandensein scharf ausgeprägter, zahlreicher Querbinden von verschiedener Breitenausdehnung an den Extremitäten. — Vier Exemplare aus Neu-Südwales, dem Wiener Museum von dem Verfasser geschenksweise überlassen.

FAMILIE
ALYTIDAE GÜNTH.
(Alytidae et Uperoliidae Günth.)

Char. Zehen frei oder durch Schwimmhäute verbunden; Querfortsätze des Sacralwirbels dreieckig platt, oder konisch (an der Oberseite stark gewölbt), mit Parotiden.

Gatt. HELIORANA nov. gen.

Char. Körpergestalt gedrungen; Kopf breit, kurz; Augen gross; Tympanum undeutlich sichtbar; Gaumenzähne in einer, in der Mitte schwach unterbrochenen Querreihe hinter den inneren Nasenöffnungen; Parotide äusserlich kaum bemerkbar, wohl aber bei einem Einschnitte in die Haut; Tympanum undeutlich sichtbar; Zunge gross, rundlich, sehr breit, hinten kaum eingebuchtet; Querfortsätze des Sacralwirbels dreieckig, an der Oberseite sehr stark gewölbt; Extremitäten kurz; Zehen und Finger frei; Vorsprung am Metatarsus lang, stark entwickelt, ähnlich gestaltet wie bei *Pyxicephalus*.

Art. HELIORANA GRAYI n. spec.

Char. Rückenseite dunkelgrau mit glatten, plattgedrückten Warzen; Kopf schwärzlich punktirt; eine undeutlich ausgeprägte, dreieckige Binde zwischen den Augen mit nach hinten gekehrter, lang ausgezogener Spitze; eine schwach ausgeprägte Binde längs der Schnauzenkante; Bauch und Seiten des Körpers gelb; letztere sowie die Kehle dunkelbraun marmorirt; Unterseite der hinteren Extremitäten und des Vorderarmes chocoladebraun, unregelmässig gelb gefleckt; Tympanum sehr klein, oval, kaum sichtbar; stark entwickelte Gelenkballen an den kurzen Fingern; Metatarsus mit drei grossen, länglichen Schwielen, die beiden äusseren zuweilen vereinigt; Zehen mit schmalen Hautsäumen; zweite Zehe bei Weibchen mit einer breiten Hautfalte am Innenrande; eine breite, gelbe drüsige Falte vom unteren Augenrande bis zur Achsel, gegen das hintere Ende sich stärker ausbreitend.

Am Metacarpus des Daumens liegt an unserem Exemplare, einem Weibchen, eine grosse längliche Schwiele; etwas kleiner sind die beiden übrigen Metacarpusballen der Handfläche, welche an einer Körperseite zusammenfliessen und nur im oberen Theile einen kurzen Einschnitt zeigen. Die zwei ersten Finger sind unter sich gleichlang, der vierte ist etwas kürzer, der dritte nur mässig länger als der zweite. Der Vorsprung des ersten kahnförmigen Knochens ist sehr stark entwickelt, sichelförmig gekrümmt, scharfrandig. Die Querfortsätze des Sacralwirbels sind sehr kräftig, dreieckig, an der Oberseite stark gewölbt, daher konisch zu nennen. — Ein Exemplar von Neu-Südwales, Geschenk des Verfassers.

Gatt. UPEROLEIA GRAY.

Char. Tympanum undeutlich sichtbar; Zunge lang, schmal, gegen das hintere Ende etwas breiter, nicht oder sehr seicht eingebuchtet; Parotide länglich, sehr gross; keine Zähne am Gaumen; Querfortsätze des Sacralwirbels nicht stark ausgebreitet, aber dreieckig, an der Oberseite schwach gewölbt; Finger und Zehen frei; Männchen mit einem inneren Kehlsack.

Art UPEROLEIA MARMORATA Gray.

Char. Zwei Vorsprünge am Metatarsus, zwei am Metacarpus; Zehen mit schwach entwickeltem Randsaume; ein dreieckiger, heller Fleck am Vorderkopf; eine dunkle Querbinde zwischen den Augen; Rücken mit kleinen, unregelmässigen, schwarzen Flecken; Extremitäten querüber schwärzlich gestreift; Vorderseite des Oberarmes gelblich; Rücken- und Bauchseite bleifarben, mit einem Stiche ins Grünliche; Bauchseite schwarz gefleckt oder gesprenkelt; ein gelblicher Fleck an der Vorder- und Hinterfläche der Schenkel.

Fundort: Neu-Südwales.

FAMILIE BOMBINATORIDAE GÜNTH.

Char. Gehörorgan unvollständig entwickelt; Querfortsätze des Sacralwirbels dreieckig, platt; keine Parotiden.

Gatt. LEIOPELMA FITZ.

Char. Trommelfell, Paukenhöhlen und Gehörtuben fehlend; Zähne im Oberkiefer; Gaumenleisten schwach entwickelt in zwei schwach gebogenen Querreihen hinter und zwischen den inneren Narinen; Zunge rundlich, nahezu oder vollkommen ganzrandig; Finger frei, Zehen mit halber Schwimmhaut; Vorsprung des ersten kahnförmigen Knochens schwach vortretend.

Art LEIOPELMA HOCHSTETTERI Fitz.

Verhandl. d. zool.-bot. Gesellschaft zu Wien, Jahrg. 1861, XI. Bd., pag. 218, Taf. VI.

Char. Körpergestalt mässig gedrungen; Augen ziemlich gross, Schnauze etwas länger als das Auge, äussere Narinen etwas näher zu letzteren als zur Schnauzenspitze gelegen; eine drüsige Falte zwischen dem hinteren Augenwinkel und der Achsel; eine zweite von den Augen bis zur Lendengegend längs den Seiten des Leibes; mehrere Warzen in der Mundwinkelgegend; kleinere Warzen in geringer Zahl am Rücken und an den Seiten des Rumpfes; zwei glatte, gelbe Schwielen an der Handfläche, eine am Metacarpus des Daumens, eine an dem des vierten Fingers;

Finger und Zehen deprimirt; Zehen circa zur Hälfte durch eine Schwimmhaut, welche aber als Saum bis zu den Zehenenden reicht, verbunden; Vorsprung des ersten kahnförmigen Knochens schwach erhöht; eine dunkelgraue, dreieckige Binde zwischen den Augen, vor derselben ein heller, ziemlich breiter Querstrich; hintere Extremitäten auf gelblichbraunem Grunde breit quergebändert; Bauch und Seiten des Rumpfes schmutzig grauviolett und gelblichbraun marmorirt; ein heller Querstrich vom vorderen, ein zweiter vom hinteren Augenwinkel divergirend zum Oberkieferrande herablaufend; Männchen ohne Stimmsack.
Zwei Männchen von Auckland; durch Dr. Hochstetter.

Sectio B. **BUFONIFORMIA** Dum., Bibr. part.

Char. Keine Zähne am Oberkiefer; Zehen und Finger ohne Haftscheiben.

FAMILIE
PHRYNISCIDAE Günth.
(*Phryniscidae et Brachycephalidae* Günth.)

Char. Keine Parotiden, Gehörorgan unvollständig entwickelt, Zehen mit oder ohne Schwimmhäute; Querfortsätze des Sacralwirbels schmal, dreieckig, in der Regel plattgedrückt.

Gatt. PSEUDOPHRYNE Fitz.

Char. Extremitäten kurz, Zehen ohne Schwimmhaut; Kopf oval mit deutlich entwickeltem Schnauzentheile; Männchen mit einem Subgularsacke.

Art PSEUDOPHRYNE BIBRONII Günth.?

Syn. *Pseudophryne australis* Fitz. part. Ausb. l. c. p. 415.

Char. Kopf oval; Rücken grau oder braun, mit einzelnen deutlich entwickelten, konischen Wärzchen in ziemlich regelmässigen Längsreihen; eine grosse Drüse an der Hinterseite der Schenkel; schmale Hautsäume an den Zehen; zwei Knötchen am Metatarsus; Bauchseite weisslich mit unregelmässigen schwärzlichen Flecken oder Marmorirungen; Kehle bei Männchen schwärzlich, mit Wärzchen besetzt; Bauchseite glatt, doch bei Männchen zunächst dem hinteren Rande mit Warzen besetzt; ein gelber Fleck am Oberarm; eine gelbe Linie an der Hinterseite der Schenkel.

Bei sämmtlichen sechs Exemplaren, die das Wiener Museum von dieser zierlichen Art besitzt, liegt an der Hinterseite der Schenkel zunächst der Kniebeuge eine grosse, ovale, gelbe Drüse, neben welcher nach innen, gegen den After zu, noch zahlreiche kleine Wärzchen sich befinden. An der Ober- und Hinterseite des Oberarmes bemerkt man stets einen länglichen, hellgelben Fleck. Eine gelbe Linie läuft unmittelbar unter der Afterspalte über die Hinterseite der Schenkel, bei einigen Exemplaren ist auch eine gelbe Vertebrallinie vollständig oder theilweise vorhanden. Die Rückenwarzen liegen immer in regelmässigen, kürzeren oder längeren Längsreihen und sind zuweilen von einer schmalen schwärzlichen Binde eingefasst. Zwei Knötchen am Metatarsus; ein ziemlich grosser Ballen am Metacarpus der äusseren Finger, ein zweiter, kleinerer am Daumen-Metacarpus. Die Zunge ist sehr schmal, lang, ganzrandig.

Da Duméril und Bibron in der Beschreibung von *Phryniscus australis* = *Pseudophr. Bibronii* Günth. weder von dem Vorkommen einer grossen Schenkeldrüse, noch von dem eines hellen Fleckes am Oberarm sprechen, so wäre es nicht unmöglich, dass die hier besprochene Art von ersterer specifisch zu trennen sei, und ich schlage in diesem Falle den Namen *Ps. glandulosus* vor. — Zwei Exemplare von Sydney, gesammelt von R. v. Frauenfeld; vier grössere von Neu-Südwales (Geschenk des Verfassers).

Gatt. BRACHYCEPHALUS FITZ.

Char. *Finger und Zehen zum Theile rudimentär, ohne Schwimmhaut; ein breites Schild, gebildet durch die Verschmelzung einer grösseren oder geringeren Zahl von Querfortsätzen der Dorsalwirbel am Rücken; Gehörtuben rudimentär, keine Zähne am Gaumen oder Oberkiefer; Zunge länglich, elliptisch, ganzrandig.*

Art BRACHYCEPHALUS EPHIPPIUM spec. Spix.

Syn. *Ephippifer aurantiacus* Coct. — *Ephippifer Spixii* Coct. — *Bufo ephippium* Spix.

Char. *Vierter Finger, erste und letzte Zehe nur sehr unvollkommen entwickelt; Rückenschild mehr oder minder lang, die ganze Breite des Rückens einnehmend; Schnauze vorne quer abgestumpft; Rücken gelb, zuweilen mit einem schwarzen Dorsal- und Occipitalfleck.*

Drei kleine, leider zum Theile vertrocknete Exemplare aus Chile.

FAMILIE
ENGYSTOMIDAE.
(*Rhinodermatidae* et *Engystomidae* Günth.)

Char. *Gehörorgan vollständig entwickelt. Oberkiefer zahnlos, Fortsätze des Sacralwirbels dreieckig, platt oder konisch; keine Ohrdrüsen.*

Gatt. RHINODERMA DUM., BIBR.

Char. *Kopf dreieckig. Schnauze am vorderen Ende in einen häutigen, hornähnlichen Lappen ausgezogen; Finger frei, Zehen durch eine Schwimmhaut verbunden; Zunge rundlich, ganzrandig oder sehr schwach eingebuchtet; Tympanum verborgen; Männchen mit einem inneren Stimmsack an der Kehle.*

Art RHINODERMA DARWINII Dum., Bibr.

Char. *Zehen nicht vollständig durch eine Schwimmhaut verbunden; Finger frei; Metatarsus mit einem sehr kleinen Knötchen; Rücken grau; Bauchseite im mittleren Theile weiss; Handfläche, Unterseite der Tarsen, Hinterseite der Schenkel und Endtheil des Bauches schwarzbraun; bei Männchen schwach entwickelte Wärzchen am Bauche, an den Seiten des Körpers und an der Handfläche, etwas grössere an der Wurzelhälfte der Schenkel (an der Unterseite).*

Ein Prachtexemplar (Männchen), aus Chile, durch R. v. Frauenfeld.

Gatt. SYSTOMA TSCH. (nec WAGL.).

Syn. Uperodon Dum., Bibr. — *Hyperodon* Fitz. — *Cacopus* Günth.

Char. Körpergestalt sehr gedrungen; Extremitäten kurz, Kopf vom Rumpfe undeutlich abgesetzt; Schnauze sehr kurz; Zunge gross, rundlich, ganzrandig oder sehr seicht eingebuchtet; Tympanum undeutlich oder nicht sichtbar: ein Hautläppchen an den Gaumenhöckern zwischen den inneren Narinen, sowie am hinteren Rande der letzteren; Gehörtuben sehr klein, Zehen durch eine Schwimmhaut verbunden; Finger frei; zwei grosse comprimirte Tuberkel am Metatarsus, Querfortsätze des Sacralwirbels dreieckig, platt; Männchen mit einem inneren Stimmsacke an der Kehle.

Art. SYSTOMA MARMORATUM sp. Cuv.

Syn. *Rana Systoma* Schneid. — *Engystoma marmoratum* Cuv.

Char. Mundspalte klein, Schnauze kurz, stark abgestumpft; Metatarsusvorsprünge sehr stark entwickelt, mit nahezu schneidigem Rande; Schwimmhaut zwischen den Zehen tief eingebuchtet, doch als schmaler Randsaum bis zum letzten Gliede der Zehen fortgesetzt; Metacarpus mit drei länglichen Ballen; Oberseite des Körpers braun marmorirt; Bauchseite einfärbig gelblich: Kehle bei Männchen schwärzlichbraun.

Bei einem grossen Männchen aus Indien ist die ganze Bauchseite mit zahlreichen, sehr kleinen, der Rücken mit grösseren Warzen in geringer Zahl besetzt, während bei einem kleinen Weibchen aus Ceylon (von R. v. Frauenfeld eingesendet) die Haut vollkommen glatt ist.

Gatt. DIPLOPELMA GÜNTH.

Syn. *Engystoma* spec. Dum., Bibr. — *Syphneus* Fitz. Syst. Rept. — *Scaptophryne* Fitz. Ausb. d. öst. Naturf.

Char. Kopf schmal, undeutlich vom Rumpfe abgesetzt; Schnauze dreieckig; vordere Extremitäten kurz, hintere von mässiger Länge; Zunge länglichrund, ganzrandig; Tympanum verborgen; Gehörtuben mit sehr kleinen Öffnungen; Finger frei, Zehen durch eine Schwimmhaut verbunden; Männchen mit einem einfachen Kehlsack; Vorsprung des ersten kahnförmigen Knochens nicht auffallend stark entwickelt.

Art DIPLOPELMA PULCHRUM spec. Hallow.

Syn. *Engystoma pulchrum* Hallow. — *Scaptophryne labyrinthica* Fitz. l. c. p. 416.

Char. Schnauze vorne abgerundet; Metacarpus mit zwei grossen länglichrunden, wenig erhöhten Ballen; Metatarsus mit zwei kleinen, comprimirten Vorsprüngen; eine dunkle Binde auf der Stirne; ∧förmig gebogene, zahlreiche Binden von abwechselnd hellerer und dunklerer Färbung mit schwärzlichem und hellem Saume an der ganzen Oberseite des Körpers; ähnliche Querbinden an den Extremitäten; jederseits zwei dunkelbraune, rundliche Flecken an den Seiten der Steissgegend, eine dunkle Binde längs der Schnauzenkante und an den Seiten des Rumpfes; Schwimmhaut zwischen den Zehen tief eingebuchtet, bis zur Spitze der Zehenglieder als schmaler Randsaum fortgesetzt.

Ein wohl erhaltenes Exemplar von Hongkong, durch R. v. Frauenfeld.

Gatt. ADENOMERA Fitz.

Char. Kopf ziemlich klein, undeutlich vom Rumpfe abgesetzt, Schnauze deutlich entwickelt, zugespitzt; Finger und Zehen frei; Zunge schmal, länglich, ganzrandig; Tympanum sichtbar; eine grosse, flache Drüse an den Lenden; Vorsprung des ersten kahnförmigen Knochens länglich, spitz, klein; keine Gaumen- und Oberkieferzähne; Querfortsätze des Sacralwirbels zart, dreieckig.

Art ADENOMERA MARMORATA Fitz.

Char. Metatarsus mit zwei Vorsprüngen; Metacarpus mit zwei länglichen Ballen, Finger- und Zehenenden knopfförmig angeschwollen; eine Hautleiste am inneren Tarsusrande; Rücken hellbraun, mit einzelnen kleinen Wärzchen; eine Falte an den Seiten des Rückens zwischen dem hinteren Augenwinkel und der Lendengegend; Schnauzenkante deutlich entwickelt; Rücken mit undeutlichen, spärlichen, dunkelbraunen Marmorirungen; Lendendrüse gross, platt, mit einem tiefschwarzen Flecken am oberen Rande; Oberseite der Extremitäten in schiefer Richtung schmal gebändert; Unterseite der Schenkel mit zahlreichen Warzen.

Fundort: Brasilien; ein kleines Exemplar durch Herrn Zelebor.

Gatt. EUPEMPHIX Steind.

Sitzb. d. kais. Akad. d. Wiss., Bd. 48.

Char. Körpergestalt gedrungen, Kopf undeutlich vom Rumpfe abgesetzt, Schnauze kurz, dreieckig, vorne abgestumpft; keine Zähne am Oberkiefer und Gaumen; Tympanum mehr oder minder undeutlich sichtbar; Zunge sehr klein, schmal; Metacarpus mit stark entwickeltem, schneidigem Rande; Finger und Zehen frei; eine sehr grosse Lendendrüse bei beiden Geschlechtern; Männchen mit einem weiten, sehr dehnbaren Kehlsacke; Querfortsätze des Sacralwinkels schmal, dreieckig, an der Oberseite schwach gewölbt.

Art EUPEMPHIX NATTERERI Steind.

Steind. Über einige neue Batr. aus d. Samml. des Wiener Mus., Sitzb. der Wiener Akad. Bd. 48, Separatab. pag. 3, Taf. I, Fig. 6—9; Batrachol. Mittheil. in der Verh. der k. zool.-bot. Gesellsch. zu Wien, Jahrg. 1864, p. 271 (Separatab. p. 33) part.

Char. Ein grosser, länglichrunder, gewölbter Ballen am Metacarpus der drei äusseren Finger, ein kleinerer am Metacarpus des Daumens; Vorsprünge am Metatarsus sehr stark entwickelt, sichelförmig mit schneidigem Rande wie bei Pyxicephalus; Finger und Zehen cylindrisch, an den Enden knopfförmig angeschwollen, mit grossen, konisch zugespitzten Gelenkballen; Rücken ganz oder nahezu glatt, im Leben violett, schwärzlich lackroth bis ins Rosenfarbige, bei Spiritusexemplaren hell gelbbraun mit vielen Λ förmig gebogenen, hellgerandeten, schwarzen Querbinden, die sich zuweilen in zahlreiche runde und längliche Flecken auflösen, oder aber netzförmig schwarzbraun marmorirt; Querbinden auf der Stirne, an der Oberseite der Extremitäten und an den Seiten des Kopfes; Bauchseite weiss, dicht bräunlich gefleckt oder gesprenkelt; Kehle bei Männchen schwärzlich; Unterseite der Schenkel mit zahllosen, kleinen Wärzchen; eine drüsige Falte zwischen dem hinteren Augenwinkel und der Wurzel des Oberarmes; Lendendrüse sehr gross, flach an der Aussenseite und mit einem grossen und mehreren kleinen, sammtartigen, tiefschwarzen Flecken geziert.

Die Querfortsätze des Sacralwirbels nehmen nach Aussen an Breite zu, sind an der Oberseite nur mässig gewölbt und mit einer Leiste versehen. — Fundort: Brasilien.

Gatt. BREVICEPS MERR.

Char. Kopf kurz, breit, undeutlich vom Rumpfe geschieden; Rumpf fast kugelig oder walzenförmig aufgetrieben; Extremitäten kurz, dick; Schnauze undeutlich, sehr kurz; Mundspalte klein; Zunge gross, oval, vorne breit, nach hinten verschmälert, ganzrandig, wenig frei; Öffnungen der Eustachischen Tuben klein; Tympanum unsichtbar; keine Ohrdrüsen; zwei grosse Tuberkel am Metatarsus; Finger und Zehen frei; Querfortsätze des Sacralwirbels platt.

Art BREVICEPS VERRUCOSUS Rapp.

Syn. *Chaunus globosus* Fitz. Ausb. l. c. p. 415 (nec Wagl.).

Char. Körper ringsum mit konischen und rundlichen Warzen dicht besetzt; Vorsprung des ersten kahnförmigen Knochens auffallend stark entwickelt, länglich, stumpf; Schwiele am Metatarsustheile der übrigen Zehen rundlich, plattgedrückt; Metacarpus mit drei länglichen, grossen Ballen; Rücken dunkel röthlichbraun, Bauchseiten des Rumpfes hellgelblichbraun, ersterer mit einigen gelblichen, letztere mit zahlreichen schwärzlichen Flecken besetzt; äussere und innere Nasenöffnungen sehr klein.

Dr. Fitzinger hielt, nach seiner Bestimmung und Angabe der Synonyme zu schliessen, das von Herrn Zelebor gesammelte Exemplar dieser Art ohne Grund für identisch mit *Bufo globulosus* Spix (nach Prof. Peters = *Bufo granulosus* = *Chaunus marmoratus* Wagler) und wurde wohl nur durch die irrige Angabe des Fundortes (Brasilien statt Cap der guten Hoffnung) am eingesendeten Exemplare zu diesem Irrthume veranlasst. Die Schnauze springt äusserst schwach über die Augen vor, ist am vorderen Ende fast plattgedrückt und fällt steil zum vorderen Mundrande ab; die Mundspalte ist sehr klein, fast quergestellt und nur schwach gebogen. Die Zunge ist von birnförmiger Gestalt, nur an den Seitenwänden frei, nach hinten verschmälert, und liegt wenigstens an unserem Exemplare mit dem vorderen Rande in einiger Entfernung vom Mundrande.

Ein Exemplar vom Cap der guten Hoffnung.

Amphibien.

FAMILIE
BUFONIDAE GÜNTH.

Char. *Querfortsätze des Sacralwirbels platt, dreieckig; Gehörorgan vollständig, Parotiden stark entwickelt; Zehen mit mehr oder minder vollständig ausgebildeten Schwimmhäuten.*

Gatt. BUFO AUCT.

Char. *Extremitäten ziemlich kurz, Schnauze deutlich entwickelt, vorne abgerundet oder abgestutzt; Zunge länglichrund, ganzrandig; Tympanum mehr oder minder deutlich sichtbar; Haut warzig; Eustachische Tuben mässig entwickelt; Zehen selten vollständig verbunden; Männchen in der Regel mit einem einfachen inneren Kehlsack.*

1. Art BUFO VULGARIS Laur.

Syn. *Bufo maculiventris* Fitz. Ausb. p. 415. — *Bufo sinicus* Fitz. ibid.

Char. *Oberseite des Kopfes flach oder schwach concav, ohne erhöhte Schnauzen- und Augenrandleisten; Parotiden länglich, von mässiger Grösse, nicht länger als der Kopf; Tympanum undeutlich sichtbar, kleiner als das Auge; Rücken mit mehr oder minder zahlreichen Warzen, letztere zuweilen mit einem hornigen, stachelähnlichen Überzuge; Metacarpus mit zwei rundlichen Ballen, von denen der äussere bedeutend grösser ist als der innere; Vorsprung des ersten kahnförmigen Knochens mehr oder minder bedeutend comprimirt mit abgerundetem, freien Rande, halbmondförmig gestaltet; Tuberkel am Metatarsus der beiden äusseren Zehen rundlich; Schwimmhaut zwischen den Zehen unvollständig, eingebuchtet, als schmaler Saum bis zum Beginne des letzten Gliedes der Zehen fortgesetzt; Tarsus ohne Hautfalte; stets eine schwarze Binde am unteren Rande der Parotiden; Rücken bräunlich, einfärbig oder dunkelbraun marmorirt und gefleckt; Bauchseite gelblich mit oder ohne schwärzliche Flecken.*

Die von Shanghai eingesendeten Exemplare gehören der sogenannten Var. *Asiatica* an; die mehr oder minder zahlreichen und grossen Warzen sind nämlich mit einem hornigen, stachelähnlichen Überzuge versehen, die Seiten des Körpers sehr lebhaft schwarz marmorirt, die Bauchseite schwarz gefleckt; auch der Rücken ist an den uns vorliegenden Exemplaren dunkelbraun, netzförmig marmorirt und die schwarze Parotidenbinde setzt sich bei einigen Individuen bis zur Lendengegend fort. Zuweilen zeigen sich auf dem mittleren Theile des Rückens zwei regelmässige, ziemlich breite helle Längsbinden. Die Var. *asiatica* findet sich übrigens auch im südlichen Spanien vor. Bei Murcia sammelte ich im Monate April 1865 viele grosse Exemplare dieser Art mit Stacheln auf den Warzen. — An dem Seitenrande des Rückens zeigt sich bei dieser Art so wie bei vielen anderen, z. B. *Bufo ornatus* zuweilen oder sehr häufig eine mehr oder minder lange und vollständig entwickelte, mit grösseren Warzen besetzte Hautfalte, wesshalb ich *Otilophus margaritifer* in Übereinstimmung mit Dumeril und Bibron nicht generisch von den *Bufo*-Arten trennen möchte. Auch die Kopfleisten geben bezüglich ihrer Höhe, Lage und Gestalt für letztgenannte Art kein generisches Unterscheidungsmerkmal ab, sind bei jungen Individuen nur schwach entwickelt und selbst bei alten nicht wesentlich verschieden von jenen des *Bufo ornatus*, welchen daher auch Dr. Fitzinger in das Geschlecht *Otilophus* in ganz consequenter Weise einreiht, während ihn Dr. Günther in die Gattung *Bufo* stellt. — *Bufo vulgaris* kommt in der Umgebung von Shanghai sehr häufig vor und wurde in vielen Exemplaren aus jenen Gegenden von den Herren Zelebor und Frauenfeld eingesendet.

Art BUFO VIRIDIS Laur.

Syn. *Bufo longipes, Hemprichii, persicus* Fitz., Mus. Vind.

Char. Stirne flach, ohne vorspringende, knöcherne Orbital- und Schnauzenleisten; Parotiden länglich, mässig entwickelt; Tympanum mehr oder minder undeutlich sichtbar, kleiner als das Auge; Zehen mit unvollständiger Schwimmhaut, welche sich aber als schmaler Randsaum bis zum letzten Gliede der Zehen fortsetzt; eine deutlich entwickelte Hautleiste am inneren Tarsenrande; keine parotidenähnliche Drüse an der Oberseite der Waden; Rücken olivenfarben, ohne gelbe Vertebrallinie, mit grösseren und kleineren, mehr oder minder zahlreichen, zuweilen zusammenfliessenden, braunrothen oder dunkelgrünen Flecken mit dunklerer Umrandung; zahlreiche, zuweilen rosenroth gefleckte Warzen am Rücken und auf den Seiten des Körpers; Bauchseite einfärbig, hell weisslichgrau, zuweilen olivengrün gefleckt, mit dichtgedrängten, zahllosen kleinen Würzchen.

Unter den vielen Exemplaren, welche das Wiener Museum von dieser Art aus Deutschland, Frankreich, Italien, Klein-Asien, Persien, dem Thale des Spiti-Flusses (in einer Seehöhe von 10.000—12.000 Fuss) und Ägypten besitzt, finde ich nicht ein Stück, bei welchem eine gelbliche Rückenlinie oder eine parotidenähnliche Drüse an der Oberseite der Waden vorkommt, und halte aus diesem Grunde in Übereinstimmung mit Dr. Günther *Bufo viridis* L. für specifisch verschieden von *Bufo calamita*.

Art BUFO CALAMITA Laur.

Char. Der vorigen Art in der Gestalt und Zeichnung des Körpers ganz ähnlich; stets eine mehr oder minder vollständig und deutlich entwickelte gelbliche Längslinie am Rücken; an der Oberseite der Waden eine parotidenähnliche, ovale Drüse; Rücken mit ziemlich flachen ovalen Warzen; Bauchseite häufig mit kleinen, schwärzlichen Flecken und stets mit zahllosen, äusserst kleinen Würzchen besetzt; Vorsprung des ersten kahnförmigen Knochens konisch, an der Spitze abgestumpft; eine grosse, rundliche Schwiele am Metatarsus der zwei äusseren Zehen; zwei ähnliche Schwielen am Metacarpus; selten eine schwach entwickelte Hautleiste am inneren Tarsusrande.

Zuweilen ist bei dieser Art eine Seitenfalte, auf welcher etwas grössere Warzen sitzen, entwickelt. Die Rückenwarzen sind rostroth oder rosafarben, häufig schwarz gesäumt; die zahllosen Porenmündungen am Rücken bilden schwarze Pünktchen. *Bufo calamita* kommt in der Umgebung von Wien ungleich seltener als *Bufo viridis* vor, ist übrigens sehr gemein im nördlichen Deutschland, in Holland etc. sowie endlich in Spanien (in der Umgebung von Zamora, Ferrol, Vigo, Sanabria in den Monaten August bis October 1864 von dem Verfasser häufig vorgefunden). Nicht selten, insbesondere bei ganz jungen Exemplaren, fehlen die Rückenflecken und scheinen, wenn vorhanden, stets viel verschwommener und minder lebhaft gefärbt zu sein, als bei *Bufo viridis*.

Ein Exemplar aus der Umgebung von Gibraltar, durch Herrn Zelebor.

4. Art BUFO PANTHERINUS Boie.

Syn. *Bufo garipiensis* Smith. — *Bufo angusticeps* Smith.

Char. Stirne schmal concav oder flach, ohne erhöhte knöcherne Leisten; Parotiden länglich, mässig entwickelt; Tympanum mehr oder minder deutlich sichtbar, stets kleiner als das Auge; Waden ohne parotidenähnliche Drüse; Zügelgegend vor den Augen mässig eingedrückt; eine schmale Querbinde zwischen den Augen; in der Regel grosse, ovale oder rundliche, hell oder dunkel rothbraune Flecken mit oder ohne schwarze Umsäumung in zwei Längsreihen am Rücken; Seiten des Rumpfes marmorirt oder gefleckt; zuweilen eine gelbe Vertebrallinie; Extremitäten quergebändert; Warzen am Bauche dicht gedrängt, sehr klein; Rückenwarzen grösser, minder zahlreich; Schwimmhaut zwischen den Zehen sehr tief eingebuchtet, doch als Hautsaum bis zum letzten Gliede der Zehen fortgesetzt; eine stark entwickelte, lange Hautleiste am inneren Tarsenrande; Vorsprung des ersten kahnförmigen Knochens länglich, in der Regel wie bei Bufo vulgaris stark comprimirt, grösser als die Schwiele am entgegengesetzten Ende der Fusssohle, zwei grosse Ballen am Metacarpus.

Diese Art kommt in mehreren Farbenvarietäten vor, ist nahe verwandt mit *Bufo viridis* und unterscheidet sich von derselben hauptsächlich durch die Grösse und viel lebhaftere Färbung der Rückenflecken, welche fast immer ganz regelmässig angeordnet hinter einander liegen und nur sehr selten sich in zahlreiche kleine Flecken auflösen oder zu halbmondförmigen Längsbinden vereinigen. Zudem ist die Hautfalte viel stärker entwickelt als bei letztgenannter Art. *Bufo pantherinus* ist unendlich häufig im nördlichen und südlichen Afrika zu finden und erreicht eine bedeutende Grösse. Das Wiener Museum besitzt viele Exemplare aus Ägypten, Algier, Abyssinien, Cordofan, Sudan, Madagascar sowie vom Cap der guten Hoffnung. — Zwei grosse Prachtexemplare (durch Herrn Zelebor) und vier kleine Individuen (durch Ritter v. Frauenfeld) mit grossen, isolirten rundlichen oder ovalen Rückenflecken von hell rothbrauner Färbung aus der Umgebung der Capstadt.

Bufo angusticeps Smith glaube ich nur für eine, wenngleich ziemlich constante Farbenvarietät von *Bufo pantherinus* halten zu müssen, von welcher Dr. Andrew Smith in den bekannten Illustrations of the Zoology of South Africa, Reptilia auf Taf. 69, Fig. 1 eine ausgezeichnete Abbildung lieferte, die ganz genau unseren zahlreichen, wohl erhaltenen Exemplaren entspricht. Die dunkel röthlichbraunen Rückenflecken jeder Körperseite fliessen bei dieser Varietät paarweise, und zwar der Länge nach zu halbmondförmigen Flecken, deren convexe Seite nach innen gekehrt ist, mehr oder minder zusammen. Andere, wesentliche, constante Unterschiede finden sich zwischen *B. pantherinus* und *B. angusticeps* nicht vor. — Zehn Exemplare, von denen zwei in der Körperzeichnung den Übergang zu *B. pantherinus* bereits andeuten; vom Cap.

5. Art BUFO RUBROPUNCTATA Gay.

Syn. *Phryne rubropunctata* Fitz. Ausb.

Char. Stirne flach ohne knöcherne Leisten; Schnauzenkante stumpf; Tympanum klein, nicht deutlich sichtbar; Parotiden kurz, rundlich oder oval, stark gewölbt; eine Hautfalte am inneren Tarsusrand und an den Seiten des Rumpfes; Schwimmhaut schwach ausgebildet, als Hautsaum bis zur Spitze der Zehen fortgesetzt; zwei längliche Vorsprünge am Metatarsus, zwei am Metacarpus; grosse, rundliche Warzen von rother Färbung und schwarzer Einfassung an der Basis am Rücken, sowie an der Oberseite der Extremitäten in ziemlich regelmässigen Längsreihen, dazwischen liegen kleinere Würzchen; Bauch und Seiten des Rumpfes marmorirt und mit sehr kleinen Würzchen besetzt.

Drei ganz kleine Exemplare aus Chile, gesammelt von Herrn Zelebor. Diese angebliche Art ist höchst wahrscheinlich nur als Jugendform von *Bufo spinulosus* zu betrachten.

6. Art BUFO SPINULOSUS Wiegm.

Syn. *Bufo chilensis* Tsch. — *Phryne chilensis* Fitz. Ausb. — *Bufo thaul* Less., Girard.

Char. Stirne flach oder schwach concav, ohne erhöhte knöcherne Leisten; Parotiden kurz, dick, nahezu dreieckig; Schnauzenkante stark vortretend, doch abgestumpft; Tympanum deutlich sichtbar, klein; Rückenwarzen rundlich, gross und zahlreich; Schwimmhaut zwischen den Zehen tief eingebuchtet, eine Hautfalte am inneren Tarsenrande; Rücken olivengrün oder braun mit scharf ausgeprägten, dunkeln, zuweilen zum Theile zusammenfliessenden Flecken.

Ein schönes Exemplar aus Chile, durch R. v. Frauenfeld.

7. Art BUFO MELANOSTICTUS Schneid.

Syn. *Docidophryne melanosticta* Fitz., Ausb. — *Docidophryne isos* Fitz. ibid. — *Bufo scaber* D. B.

Char. Stirne concav; Rostro-Orbitalleisten mässig erhöht; Tympanum deutlich sichtbar, kleiner als das Auge; Schwimmhaut zwischen den Zehen mehr oder minder stark entwickelt, selten vollständig; Parotiden oval, mässig lang, stark gewölbt; keine Hautfalte am Tarsus; Kopfhaut fest mit den Kopfknochen verbunden; in der Regel zwei Längsreihen grosser Warzen auf der Mitte des Rückens; Körpergestalt sehr gedrungen.

Nur bei einem der drei von Dr. Fitzinger als *Docidophryne isos* bestimmten Exemplare ist die Schwimmhaut zwischen den Zehen bedeutend stärker entwickelt als bei den übrigen, reicht jedoch, abgesehen von ihrer Fortsetzung als Hautsaum, an der vierten Zehe nur bis zum Ende des ersten Gliedes, und ist auch bei übrigens vollständig verbundenen Zehen eingebuchtet; der erste Finger oder Daumen ist kürzer als der zweite. Bei dem zweiten Exemplare ist die Schwimmhaut wie bei typischen Exemplaren von *Bufo melanostictus* nur sehr unvollständig entwickelt, der erste Finger entschieden länger als der zweite, und die Orbitalleiste ziemlich schwach ausgebildet; bei dem dritten Exemplare endlich sind die beiden ersten Finger gleich lang, Orbitalleisten und Schwimmhaut zwischen den Zehen schwach entwickelt; in allen übrigen Merkmalen, wie z. B. in der Körpergestalt, Entwicklung der Parotiden, Rückenwarzen, sowie in der Form und Richtung der Orbitalleisten stimmen sie genau mit den übrigen als *Bufo melanostictus* bestimmten Exemplaren überein, von denen gleichfalls ein Exemplar eine stärker entwickelte Schwimmhaut zeigt. Die von Duméril und Bibron angegebenen Unterschiede zwischen *B. melanostictus* Schn. (= *Bufo scaber* D. B.) und *Bufo isos* scheinen daher nicht constant vorzukommen und es dürften sich beide Arten wegen zahlreicher, allmäliger Übergänge kaum als eigene Varietäten unterscheiden lassen. Überhaupt sind bei jungen Individuen die Orbitalleisten minder hoch und scharf ausgeprägt als bei alten. — Fundorte: Madras, Ceylon, Java, Calcutta, Simla (in einer Höhe von 6—8000 Fuss), Amoy (von letzterem Fundorte durch Herrn Consul Swinhoe).

8. Art BUFO SPINIPES spec. Fitz.

Syn. *Docidophryne spinipes* Fitz. Ausb. p. 415.

Char. Oberseite des Kopfes concav: Stirnleisten wie bei Bufo melanostictus, Parotiden sehr schmal, lang, doch etwas kürzer als der Kopf, schwach nierenförmig gebogen; Tympanum oval, deutlich sichtbar, viel kleiner als das Auge; Aussenrand der Augendecke stark verdickt; zwei Reihen grösserer Warzen am Rücken; innerer Tarsenrand mit einer schwach entwickelten häutigen Falte oder einer Reihe grösserer Warzen; Schwimmhaut zwischen den Zehen vollständig, doch an der vierten Zehe nur bis zum Ende des ersten Gliedes reichend; Körper aschgrau oder braungrau; Warzen des Rückens und der Extremitäten wie bei Bufo melanostictus mit einem stachligen, hornigen Überzuge; Körpergestalt bedeutend schlanker und weniger gewölbt als bei Bufo melanostictus; zwei Ballen am Metacarpus; Vorsprung des ersten kahnförmigen Knochens etwas comprimirt; Vorsprung am Metatarsus der fünften Zehe konisch; Männchen mit langen Spaltöffnungen zum einfachen Stimmsacke.

Das Vorkommen einer Hautfalte am inneren Tarsenrande, die auffallende Länge der schmalen Parotiden und die bedeutend gestrecktere Körpergestalt unterscheidet diese Art von dem nahe verwandten *Bufo melanostictus*. Die Orbitalleisten senden einen Seitenast nach hinten und innen zur Occipitalgegend, der mit dem der entgegengesetzten Seite convergirt, ohne ihn zu erreichen, und theilen sich am hinteren Augenwinkel gablig. Die Kopfhaut ist dünn, und liegt fest den glatten Kopfknochen an. Die Augendecke endigt nach aussen in einen wulstig aufgetriebenen Rand und ist mit ziemlich grossen Warzen besetzt. Das Tympanum ist stets deutlich sichtbar, oval, viel kleiner als das Auge, und am vorderen und oberen Rande wie bei *Bufo melanostictus* von dem gablig getheilten Ende der Occipitalleiste umschlossen. Die Rückenwarzen sind ziemlich gross, bilden zunächst der Mittellinie des Rückens eine paarige Längsreihe, welche in der Regel nach vorne nur bis zum hinteren Ende der Parotiden reicht. Die Warzen an den Seiten des Körpers sind nicht so stark entwickelt als die am Rücken, noch viel kleiner endlich sind die dicht an einander gedrängten Warzen an der Bauchseite. Sämmtliche Warzen des Rückens tragen häufig einen hornigen Stachelüberzug, der insbesondere an den Warzen der Extremitäten sehr fein zugespitzt ist. Die Zunge ist sehr lang, vorne schmal, nach hinten allmälig an Breite zunehmend, ganzrandig. Bei drei Männchen ist abnormer Weise nur eine Spaltöffnung zum Stimmsacke an der Kehle vorhanden.

Vier Männchen von den Nikobaren.

9. Art BUFO BIPORCATUS Schleg.

Syn. *Docidophryne biporcata* Fitz. Ausb.

Char. *Oberseite des Kopfes concav; Schnauze zugespitzt, schmal mit stark erhöhten, stumpfen Randleisten; Stirnleisten parallel zu einander laufend, schmal, ziemlich hoch; eine gleichfalls knöcherne, stumpfe Leiste am hinteren Augenrande mit einem zum oberen Tympanumrande ziehenden Seitenaste; Tympanum deutlich sichtbar; an den Seiten des Rumpfes eine, insbesondere bei jungen Individuen stark entwickelte Hautleiste, die mit Warzen besetzt ist; keine Hautfalte am inneren Tarsenrande; Parotiden kurz, stark gewölbt, rundlich oder oval.*

Ein grosses, entfärbtes Exemplar aus Java, durch R. v. Frauenfeld; ein zweites kleineres Exemplar mit schwarzen Marmorirungen und Flecken am gelbgefärbten Bauche, an den Seiten des Rumpfes und mit schwärzlichen Querbinden an den hinteren Extremitäten von Celebes (Geschenk des Verfassers).

10. Art BUFO ASPER Schleg.

Syn. *Phrynoidis asper* Fitz. Ausb. — *Cyclogaster borneensis* Fitz. Mus. Vind.

Char. *Kopf breit, an der Oberseite concav, ohne deutlich vorspringende, scharfkantige Orbitalleisten; eine grosse, dicke Knochenanschwellung zwischen den Augen und Parotiden; letztere oval, kurz, stark gewölbt; Tympanum sehr klein, mehr oder minder deutlich sichtbar; der ganze Körper mit grösseren und kleineren spitzigen Warzen dicht besetzt; eine Hautfalte am inneren Tarsenrande; eine mehr oder minder tiefe Furche an der Mittellinie des Rückens; Schwimmhaut zwischen den Zehen vollständig; schmale Hautsäume an den Rändern der Finger; Rücken rothbraun; Bauchseite gelb, insbesondere bei Männchen verschwommen braun marmorirt, Kieferränder gelb und dunkelbraun gefleckt oder gestreift.*

Drei grosse, wohlerhaltene Exemplare von Java. Ein Prachtexemplar aus Borneo.

11. Art BUFO CELEBENSIS Schleg.

Syn. *Leptophryne leiogaster* Fitz. Mus. Vind. — *Bufo galeatus* Günth.

Char. *Schnauzenrand mit einer scharfkantigen Hautleiste, die sich unmittelbar in den gleichfalls schneidigen Aussenrand der oberen Augendecke fortsetzt; eine sehr schwach entwickelte knöcherne Augenleiste, mit der Hautleiste der Schnauze nicht zusammenhängend; eine grosse Knochenanschwellung zwischen dem hinteren Augenwinkel und den länglichen, schmalen Parotiden, von letzteren häufig durch eine Einschnürung getrennt oder mit diesen äusserlich ein Ganzes bildend; Trommelfell länglich, klein, undeutlich sichtbar; Schwimmhaut zwischen den Zehen unvollständig, keine Falte am inneren Tarsenrande; Extremitäten schlank; zahlreiche kleinere und grössere spitze Warzen am Rücken und auf den Extremitäten; Bauchwarzen rundlich, dicht aneinander gedrängt, sehr klein; eine, insbesondere bei jungen Individuen ganz deutlich entwickelte Hautfalte an den Seiten des Rumpfes; kleine schwarze Flecken oder undeutliche, winkelförmig* *gebogene Querbinden am Rücken, ein dreieckiger Fleck auf der Stirne und Querbinden auf den Extremitäten bei jungen Exemplaren; alte Individuen häufig ganz einfärbig am Rücken, braun; Bauchseite gelbbraun, dunkler marmorirt; Kieferränder abwechselnd hell und dunkel gefleckt.*

Ein grosses Exemplar (aus dem Leydner Museum) und drei kleinere (Geschenk des Verfassers) von Celebes, ein Exemplar von Java. Bei zwei Exemplaren sind die Parotiden von der erwähnten Knochenanschwellung hinter dem Auge nicht gesondert, bei einem Exemplar nur an der rechten Körperseite.

12. Art BUFO MARINUS sp. Linné.

Syn. *Bufo agua* Latr., Dum., Bibr.

Char. Körpergestalt sehr gedrungen; Stirne concav; eine stark vorspringende Knochenleiste am Schnauzenrande, sowie am oberen und hinteren Augenrande; Parotiden sehr stark entwickelt, oval, rhomdenförmig oder elliptisch; eine mässig entwickelte Falte am inneren Tarsenrande; Zehen zur Hälfte durch eine Schwimmhaut verbunden; Tympanum klein, deutlich sichtbar; zwei grosse, runde, plattgedrückte Ballen am Metacarpus, zwei etwas kleinere am Metatarsus; Rückenwarzen im Verhältnisse zur Grösse des Körpers nur mässig entwickelt; zuweilen mit zahlreichen kleinen Stacheln besetzt; Rücken einfärbig braun oder mit zwei grossen, breiten, schwarzen, weissgefleckten Langsbinden, getrennt durch eine breite helle Vertebrallinie.

Zwei der eingesendeten grossen Exemplare entsprechen der einfärbigen *Variatio lazarus*, zwei Weibchen der *Variatio icterica*; erstere sind von Dr. Fitzinger im Cataloge der Ausbeute der österr. Naturforscher als *Docidophryne lazarus*, letztere als *Doc. icterica* angeführt. — Brasilien.

13. Art BUFO NASUTULUS Wiegm.

Syn. *Bufo nasutulus* Wiegm. Isis 1833. — *Bufo strumosus* Daud., Wiegm. — *Bufo granulosus* Spix. Spec. nov. Ran. Bras., Tab. XXI, Fig. 2. — *Bufo globulosus* Spix (sec. Pet.).

Char. Körpergestalt gedrungen; Stirne concav mit schurfrandiger, knöcherner Orbitalleiste; Oberseite der Schnauze schmal mit erhöhten Randleisten, welche vorne an der Schnauzenspitze im Bogen die seitlich gestellten Narinen einschliessen; Parotiden oval oder dreieckig, mässig entwickelt; Rücken mit zahllosen, grossen konischen Warzen; Bauchseite mit äusserst kleinen dichtgedrängten Warzen; Mundspalte weit, bogenförmig gerundet; Tympanum rund, deutlich sichtbar, viel kleiner als das Auge; Stirnleiste mit einem schief nach innen und hinten zur Hinterhauptgegend laufenden Seitenaste, und einem zweiten kurzen horizontallaufenden Aste, welcher das Tympanum am oberen Rande umgibt; Vorsprung des ersten kahnförmigen Knochens konisch zugespitzt; Rücken hellbraun, dunkler marmorirt, Bauch und Kehle weisslich.

Die uns vorliegenden Exemplare entsprechen ganz genau Spix's vortrefflicher Abbildung von *Bufo granulosus*. — Caiçara.

14. Art BUFO ORNATUS Spix.

Syn. *Otolophus cinctus* Fitz. — *Bufo cinctus* Neuw. — *Bufo melanotis* Dum., Bibr.

Char. Stirne concav, mehr oder minder breit; eine knöcherne, mässig erhöhte Leiste am oberen und hinteren Augenrande sowie am oberen Tympanumrande; Schnauze abgestumpft mit fast vertical gestelltem vorderen Abfalle, selten nasenförmig schwach vorragend; Zügelgegend eingedrückt; Tympanum deutlich sichtbar, oval oder rund, ziemlich gross, doch kleiner als das Auge; eine drüsige Hautfalte am hinteren Rande des Trommelfelles; Parotiden mässig oder schwach entwickelt, länglichrund; grössere Warzen in einer Längsreihe an den Seiten des Körpers, nicht selten auf einer deutlich entwickelten Hautfalte sitzend; zahlreiche, rundliche, ziemlich grosse Warzen am Rücken und auf den Extremitäten, häufig mit vielen, sehr zarten, hornigen Stachelchen besetzt; eine sehr schwach entwickelte, mit kleinen Warzen besetzte Hautfalte am inneren Tarsenrande; Finger- und Zehenenden knopfförmig verdickt, Finger mit schmalen Hautleisten an den Seitenrändern; Zehen zur Hälfte durch eine Schwimmhaut verbunden, die sich als ein schmaler Hautsaum bis zu den Enden der einzelnen Zehen fortsetzt; ein deutlicher Hautsaum am äusseren Seitenrande der ersten und letzten Zehe; ein grosser rundlicher Ballen am Metacarpus der drei äusseren Zehen, ein ebenso langer, aber viel schmälerer Ballen am Metacarpus des Daumens; zwei konische Tuberkel am Metatarsus; Tympanumgegend stets mehr oder minder intensiv schwarzbraun; eine helle Querbinde mit intensiv dunkelbraunem Seitenrande von der Mitte des unteren Augenrandes zum Oberkieferrande ziehend; sehr häufig eine dunkelbraune Querbinde auf der Stirne; Rücken grau oder braun, mit oder ohne helle Vertebralbinde, welche, wenn vorhanden, an den Seitenrändern breit rothbraun eingefasst ist; zuweilen grosse, rothbraune Flecken mit heller Umrandung in zwei Längsreihen zunächst der Mittellinie des Rückens; Extremitäten an der Oberseite querüber mehr oder minder deutlich dunkelbraun gebändert; Bauchseite mit kleinen, dichtgedrängten Warzen besetzt, einfärbig gelblich oder verschwommen dunkel gefleckt.

Die Gestalt des Kopfes variirt nach dem Alter; bei jüngeren Individuen ist die Stirne bedeutend schmäler und die Stirnleisten convergiren stärker nach vorne als bei älteren. Die Schnauzenkante ist stets deutlich ausgeprägt, und trägt eine verdickte häutige Randleiste, welche sich unmittelbar in den gleichfalls verdickten Aussenrand der oberen Augendecke fortsetzt. Ungefähr in der Mitte des oberen Augenrandes zieht von der Stirnleiste ein bald mehr, bald minder deutlich entwickelter Kamm nach innen und hinten zur Hinterhauptsgegend und ist in der von Max. Prinzen zu Wied gegebenen vortrefflichen Abbildung von *Bufo cinctus* (untere Figur) deutlich zu sehen. Bei eben dieser Zeichnung bemerkt man auch die geringe Entwicklung der Parotiden bei einzelnen Individuen. Der grosse Tympanumfleck ist zuweilen nicht besonders scharf ausgeprägt, doch stets angedeutet, reicht nach vorne bis zur hellen Querbinde, welche vom unteren Augenrande zum Oberkieferrande zieht, und setzt sich nach der Angabe des

Prinzen Wied nur bei Weibchen häufig bis zur Lendengegend fort. — Diese Art ist sehr gemein in den Sümpfen Brasiliens und soll eine Länge von 5″ und darüber erreichen. Das grösste Exemplar in den Sammlungen des Wiener Museums misst nur 3½″ in der Körperlänge. — Zehn Exemplare von 2—2½″ Länge, aus der Umgebung von Rio Janeiro durch Herrn Zelebor und Ritter v. Frauenfeld.

15. Art BUFO MARGARITIFER spec. Laur., Dum., Bibr.

Syn. *Otilophus perlatus* Cuv. — *Bufo naricus, nasutus, acutirostris* Spix, etc.

Char. Schnauze sehr schmal, zugespitzt, mehr oder minder bedeutend nasenförmig vorgezogen, an der Spitze häufig quer abgestutzt; Augen- und Trommelfellleisten bei älteren Individuen, vorzüglich bei Weibchen, stark erhöht; Tympanumleiste dachförmig über den oberen Rand des Trommelfelles hervorragend; Extremitäten schlank: Zehen mit Ausnahme der vierten (wenigstens bei jungen Individuen) fast vollständig durch eine Schwimmhaut verbunden; Hautsäume am Aussenrande der ersten und letzten Zehe und an den Rändern sämmtlicher Finger: zwei konische Vorsprünge am Metatarsus, zwei orale Schwielen am Metacarpus: Tympanum klein, mehr oder minder deutlich sichtbar: Parotiden klein, länglich; eine deutlich ausgeprägte Hautfalte an den Seiten des Rumpfes, unmittelbar am hinteren oder zuweilen selbst am vorderen Ende des Tympanums beginnend, mit kleinen, spitzen Wärzchen besetzt; Rücken- und Bauchwarzen sehr klein; Rücken olivengrün oder bräunlich mit oder ohne helle Vertebrallinie; häufig einige dunkelbraune Flecken, die bei manchen Exemplaren mit der dunkeln Randeinfassung des Rückenstreifens zusammenfliessen zu jeder Seite der Mittellinie des Rückens, oft nur in der Steissgegend vorhanden; in der Regel eine dunkel rothbraune Querbinde oder ein dreieckiger Fleck an der Stirne; Extremitäten quergebändert: Bauchseite und Seiten des Rumpfes marmorirt, erstere nicht selten ganz einfärbig.

Sechs kleine Exemplare (zwei Weibchen und vier Männchen) vom Rio branco (S. Maria), Rio marmoré, von Matogrosso und Caiçara in Brasilien, gesammelt von Johann Natterer; ein leider ganz vertrocknetes Exemplar in der Sammlung des Novara-Museums.

Sectio HYLAEFORMIA Dum., Bibr. part.
(Sectio *Hylina* Günth.)

Char. Zähne in den Kiefern, Haftscheiben an den Fingern und Zehen.

FAMILIE
POLYPEDATIDAE.
(Fam. *Polypedatidae* et *Hylodidae* Günth.)

Char. Querfortsätze des Sacralwirbels nicht plattgedrückt; keine Parotiden; Zehen mit oder ohne Schwimmhäute.

Gatt. HYLARANA Tsch., Günth.

Char. Körpergestalt Rana-ähnlich: Zähne am Gaumen, Haftscheiben mässig entwickelt, oval; eine drüsige Hautfalte an jeder Seite des Rückens: Finger frei:

Zehen mit Schwimmhäuten versehen; Zunge länglich, gelappt; Männchen mit einem inneren Kehlsacke.

1. Art HYLARANA MALABARICA sp. Dum., Bibr. *).

Syn. *Rana malabarica* Dum., Bibr. — *Hydrophylax malabaricus* Fitz. Ausb.

Char. Schnauze ziemlich lang, zugespitzt; Zehen zur Hälfte durch Schwimmhäute verbunden; Haftscheiben an Fingern insbesondere undeutlich entwickelt: Tympanum gross, rund; Hautfalte an dem Seitenrande des Rückens mässig ausgebildet, zuweilen am unteren Rande schwärzlich eingefasst: Oberkiefer mit einer undeutlich ausgeprägten silberweissen Längsbinde; eine schmale, zuweilen undeutliche, schwärzliche Binde unmittelbar unter der Schnauzenkante; eine Hautfalte zwischen dem Mundwinkel und der Achselgegend; eine zweite am hinteren Rande des Tympanums; eine bogenförmig gekrümmte Längsreihe schwarzer Flecken an den Seiten des Körpers zwischen dem hinteren Rande des Tympanums und den Lenden; eine schwarze Binde an der Vorderseite des Oberarmes; schwärzliche und helle Marmorirungen an der Hinterseite der Schenkel; Unterkieferrand weiss und schwarz gefleckt; drei Ballen am Metacarpus, zwei Vorsprünge am Metatarsus; Seiten des Rumpfes (mindestens bei alten Exemplaren) mit grossen, schwach vortretenden Warzen.

An einem der von uns untersuchten Exemplare ist unter der Rückenfalte noch die Spur einer zweiten an den Seiten des Rumpfes zu sehen, fehlt aber an den übrigen Exemplaren. — Hongkong.

2. Art HYLARANA ERYTHRAEA spec. Schleg.

Syn. *Limnodynastes erythraeus* Dum., Bibr., Fitz.

Char. Körpergestalt schlank; Schnauze ziemlich lang, zugespitzt; an jeder Seite des Rückens eine breite, weisse, drüsige Falte; unter dieser eine breite Binde von der Grundfarbe des Rückens; Tympanum ebenso gross wie das Auge, deutlich sichtbar; Zehen fast vollständig durch Schwimmhäute verbunden; eine schmale, weisse Binde am Oberkieferrande.

Zwei Exemplare von Java, durch Herrn Zelebor.

---

*) In dasselbe Geschlecht gehört auch *Rana coeruleopunctata* Steind., Batr. Mittheilungen p. 26 (264), Taf. XV, Fig. 1—15 und unterscheidet sich von der nahe verwandten *Hylarana malabarica* durch die minder gestreckte Gestalt des Körpers, die geringere Länge und etwas grössere Breite des Kopfes, durch die dichte, feine Granulirung der Rückenhaut, durch den Mangel einer Tympanumfalte und der Flecken an den Seiten des Körpers, sowie endlich durch den viel geringeren Umfang des Tympanums. Die drüsige Falte an den Seiten des Rumpfes und die Haftballen an den Fingern sind zugleich wie bei *Hylarana malabarica* D. B. schwach entwickelt, die äusseren Nasenöffnungen sehr klein, punktförmig; die weisse schmale Längsbinde über dem Rande des Oberkiefers dagegen ist scharf ausgeprägt und läuft von der Mitte des unteren Augenrandes angefangen bis zur Achselgegend über eine deutlich vorspringende drüsige Falte hin. Der Rücken ist mit zahlreichen, kleinen und unregelmässigen blaugrünen Flecken geziert, während die Oberseite der hinteren Extremitäten zahlreiche schmale, dunkle Querbinden trägt.

Gatt. POLYPEDATES DUM., BIBR.

Char. Haftscheiben an Fingern und Zehen sehr stark entwickelt, rundlich; Finger frei oder mit schwach entwickelter, Zehen mit weiter Schwimmhaut versehen; Zähne am Gaumen; Tympanum mehr oder minder deutlich sichtbar; Zunge gelappt; keine drüsige Falte an den Seiten des Rumpfes.

Art POLYPEDATES QUADRILINEATUS spec. Wiegm.

Syn. *Limnodytes celebensis* Fitz. — *Limnodytes chalconatus* Fitz. (nec. Dum., Bibr.).

Char. Vier schwärzliche Längsbinden, seltener fünf an der Oberseite des Körpers; Kopfhaut in der Regel am Hinterhaupte und an der Stirne innig mit der rauhen Oberseite der entsprechenden Kopfknochen verbunden; eine drüsige Hautfalte vom hinteren Augenrande über das Tympanum hinweg zur Achselgegend ziehend; Finger frei; Gaumenzähne in zwei convergirenden Reihen zwischen den inneren Nasenöffnungen; Vorsprung des ersten kahnförmigen Knochens und Metacarpusballen länglich, schwach entwickelt.

Zwei Exemplare von bedeutender Grösse, auf Java gesammelt von Herrn Zelebor.

Gatt. RACOPHORUS KUHL.

Char. Gaumenzähne in zwei schwach convergirenden Reihen, welche am vorderen Ende der inneren Nasenöffnungen beginnen; Haut glatt; Haftscheiben stark entwickelt; Finger und Zehen mit vollständigen Schwimmhäuten; Tympanum deutlich sichtbar; Zunge länglich, gelappt; Männchen mit einem inneren, einfachen Kehlsack.

Art RACOPHORUS REINWARDTII Boie.

Char. Kopf ziemlich breit, abgerundet; Schwimmhaut mit grossen, blauschwarzen Flecken; ähnlich gefärbte Flecken an den Seiten des Körpers zunächst der Achselgegend; Bauchseite warzig, zuweilen mit kleinen, blauschwarzen Fleckchen geziert; Gaumenzähne durch einen weiten Zwischenraum von einander getrennt.

Drei wohlerhaltene Exemplare von Java.

Gatt. LISAPSUS COPE.

Char. Körpergestalt schlank, hintere Extremitäten sehr lang; Haftscheiben sehr schwach entwickelt, insbesondere an den Fingern; letztere frei, Zehen durch eine Schwimmhaut vollständig verbunden, Daumen den übrigen Fingern entgegengestellt; Tympanum deutlich sichtbar; Gaumenzähne in zwei kleinen kurzen Gruppen, welche schwach nach hinten convergiren oder aber fast parallel zu einander liegen, zwischen und etwas hinter den inneren Narinen; Zunge rundlich; Querfortsätze des Sacralwirbels schwach kegelförmig; Männchen mit einem weiten, sehr dehnbaren, einfachen Kehlsack.

Art LISAPSUS LIMELLUM Cope.

Syn. *Hyla quadrilineata* Natt. in l. — *Podonectes palmatus* Fitz., Mus. Vind. — *Pseudis minuta* Steind. (nec Günther) Batrach. Mitth. p. 24 (262), Taf. XI, Fig. 2—4 (exclus. Synon. *Pseudis minuta* Günther, *Hyla bipunctata* Spix. et *Pseudis brasiliensis* Wiegm.).

Char. Rückenhaut dicht und fein granulirt, ähnlich wie bei *Pseudis paradoxa*; Bauchseite mit kleinen Wärzchen besetzt; zwei sehr kleine längliche Schwielen am Metacarpus; Vorsprung des ersten kahnförmigen Knochens sehr schwach entwickelt; Schnauze dreieckig, vorne abgestumpft, kaum länger als das verhältnissmässig grosse Auge; eine silberhelle Linie zwischen dem hinteren Rande des Tympanums und den Lenden, häufig eine zweite gleichfalls paarige Linie an den Seiten des Rückens, am hinteren Augenwinkel beginnend; Rücken mit bräunlichen kleinen unregelmässigen Flecken oder netzförmiger Marmorirung, zuweilen jederseits mit zwei schmalen, unregelmässigen Längsbinden; Oberseite der Extremitäten schief und quer gebändert.

Brasilien.

Gatt. HYPEROLIUS Rapp.

Syn. *Eucnemis* Dum., Bibr., Fitz.

Char. Keine Gaumenzähne; Zunge gross, rhomben- oder herzförmig gelappt; Tympanum mehr oder minder deutlich sichtbar; Finger frei oder zum Theile, Zehen vollständig durch eine weite Schwimmhaut verbunden; Oberarm und Oberschenkel in der Regel ungefärbt; Männchen mit einem inneren Stimmsack an der Kehle.

1. Art HYPEROLIUS HORSTOCKII spec. Schlg.

Syn. *Eucnemis Horstockii* D. B. Fitz.

Char. Tympanum kaum sichtbar; Zunge herzförmig mit rundlichen Lappen; Körpergestalt sehr gestreckt; eine bräunliche, schwarzgesäumte oder einfärbig schwarze Längsbinde zwischen der Schnauzenspitze und der Lendengegend oder nur längs der Zügelgegend; über dieser Binde eine weissliche Linie; Schnauze dreieckig, vorne abgerundet; Kopf vom Rumpfe nicht deutlich geschieden; Finger mit schwach entwickelter Schwimmhaut.

Ein Exemplar vom Cap der guten Hoffnung.

2. Art HYPERILIUS MARMORATUS Rapp, var. angolensis.

Char. Zunge herzförmig; Finger unvollständig, Zehen vollständig durch eine weite Schwimmhaut verbunden; hintere Extremitäten lang und dünn; Rücken- und Oberseite der Extremitäten braun, erstere mit unregelmässigen gelben Flecken oder netzförmigen Linien, oder aber mit einem paarigen seitlichen, gelben Längsstriche und unregelmässigen gelben Flecken und Strichen auf der Mitte des Rückens; Extremitäten mit gelben Punkten und Strichelchen; Rücken glatt, Bauchseite mit kleinen Wärzchen; Kopf kurz, Schnauze vorne stark abgerundet; Tympanum unsichtbar; kleine Wärzchen zunächst den Mundwinkeln.

Amphibien.

Die einzelnen Arten des Geschlechtes *Hyperolius* variiren so auffallend in der Zeichnung des Körpers, dass es ohne Untersuchung einer grösseren Reihe von Exemplaren sehr schwierig ist, die Grenzen einer Art zu fixiren. Die beiden uns vorliegenden Exemplare stimmen weder mit *H. marmoratus* noch mit *H. parallelus* genau überein und scheinen in der Körperzeichnung fast den Übergang zwischen diesen beiden Arten zu vermitteln, doch entspricht die Körpergestalt so ziemlich der von *M. marmoratus*. An den Seiten des Rückens liegt ein heller Längsstrich, welcher sich bereits vor der Lendengegend in zahlreiche, kurze, unregelmässig gestellte Linien auflöst; eines der beiden Individuen zeigt auch eine Vertebrallinie, welche jedoch stellenweise unterbrochen ist, und nicht in vollständig gerader Richtung nach hinten läuft. Das zweite Exemplar dagegen ist am Rücken mit einigen Querstrichen und gebogenen Linien geziert. Die Oberseite der Extremitäten, mit Ausnahme der Oberschenkel, ist bei beiden Individuen braun, und mit mehreren Punkten und unregelmässigen Querstrichen von weisslicher Färbung versehen. Das Auge ist ziemlich gross und gleicht an Länge genau der Breite der flachen Stirne; Zunge herzförmig mit stark entwickelten, abgerundeten Lappen. Kehlsack der Männchen sehr weit, mit sehr stark ausdehnbaren, dünnen Wandungen, schwärzlichbraun. — Ein Männchen und ein Weibchen aus Angola, im Tausche erhalten von Herrn Director Bocage in Lissabon.

3. Art HYPEROLIUS BOCAGEI n. sp.

Char. Körpergestalt verlängert, stark gestreckt; Kopf breit, vorne abgerundet, stark deprimirt; Stirne flach; einzelne, sehr flache, wenig vorspringende Warzen am Rücken, in etwas grösserer Zahl an der Oberseite des Kopfes; Tympanum klein, kaum sichtbar; Zunge herzförmig, gross, mit breiten Lappen; nur die beiden äusseren Finger zur Hälfte, sämmtliche Zehen aber vollständig durch eine Schwimmhaut verbunden; Inter-Metacarpushaut sehr dünn, dehnbar; Kehle und Bauch mit zahlreichen, flachen Wärzchen, Brust glatt; Rücken hellbraun, wie die Oberseite und Seitenabfälle des Kopfes und der Extremitäten (mit Ausnahme der Oberschenkel) und der Unterkieferrand mit äusserst zarten, zu kleinen Gruppen vereinigten schwärzlichen Punkten besetzt.

Ein Weibchen von Angola.

4. Art HYPEROLIUS MADAGASCARIENSIS Dum., Bibr.

Char. Körpergestalt gedrungen; Kopf breit, kurz, etwas gewölbt; Schnauze dreieckig, vorne abgestumpft; kleine Wärzchen an den Mundwinkeln; Auge gross; Tympanum unsichtbar; zuweilen mit kleinen, runden, dunkelbraunen Flecken gemischt; zahlreiche, äusserst feine dunkle Pünktchen am Rücken und an der Oberseite der Extremitäten (mit Ausnahme der Oberschenkel); eine dunkle Längsbinde zwischen der Schnauzenspitze und der Achselgegend, oder nur längs der Schnauzenspitze; Rückenhaut glatt; Bauchseite zuweilen mit dichtgedrängten, platten Wärzchen besetzt; Finger mit schwach entwickelter Schwimmhaut.

Das Wiener Museum erhielt drei Exemplare dieser Art aus Madagascar durch Frau Ida Pfeiffer; bei zwei Individuen ist der Rücken milchfarben und mit zahllosen, äusserst zarten braunen Pünktchen dicht übersäet; das dritte Exemplar zeigt aber eine grauviolette Färbung und enthält nebst den Pünktchen noch viele kleine, rundliche Flecken am Rücken und auf der

Oberseite der Extremitäten. Die Zunge ist sehr gross, rhombenförmig, schwach gelappt; die Zügelbinde stets sehr scharf ausgeprägt, und zwar bräunlich mit schwarzem Saume oder tiefschwarz ohne Randeinfassung.

5. Art HYPEROLIUS IDAE n. sp.

Char. Körpergestalt ähnlich wie bei H. Horstockii: Kopf undeutlich vom Rumpfe abgesetzt, an der Basis etwas breiter als letzterer: Stirne schwach gewölbt: Schnauze vorne abgestumpft: Tympanum sichtbar, klein, rund; Rücken grünlichgrau: grosse, weisse Flecken an den Seiten des Rumpfes und an der Vorderseite der Schenkel, sowie des Oberarmes, durch dunkelbraune Zwischenräume von einander getrennt: Zunge länglich mit verhältnissmässig langen, ovalen Lappen.

Ausnahmsweise sind bei dieser Art Schenkel und Oberarm dunkelgefärbt und wie die Seiten des Körpers mit grossen weisslichen Flecken geziert. Nur zwischen dem dritten und vierten Finger zeigt sich deutlich ein Schwimmhautrudiment, die übrigen Finger sind frei, die Zehen dagegen vollständig verbunden. Oberseite des Körpers grünlichgrau und vollkommen glatt wie Brust und Kehle; Bauch mit dichtgedrängten, platten Wärzchen. Ein silberweisser Strich unter dem Auge. — Ein kleines Weibchen von Madagascar, durch Frau Ida Pfeiffer.

Gatt. CROSSODACTYLUS DUM., BIBR.

Char. Keine Gaumenzähne: Finger frei: Zehen mit mehr oder minder stark entwickelten Hautsäumen an den Seitenrändern: Haftscheiben, insbesondere an den Fingern, nicht ganz deutlich entwickelt; innerer Tarsenrand mit einer breiten Membrane oder mässig ausgebildeten Hautfalte; Zunge ziemlich dick, rundlich, nur zunächst den Rändern frei: ganzrandig: Männchen ohne Stimmsack: Tympanum deutlich sichtbar: Metatarsus und Metacarpus mit zwei Vorsprüngen (bei der bis jetzt bekannten, einzigen Art).

Art CROSSODACTYLUS GAUDICHAUDII Dum., Bibr.

Syn. *Crossodactylus Gaudichaudii* et *Phyllobates fuscigula* Fitz.

Char. Rücken olivenfarben, dunkelgrau oder braun, mit Ausnahme der Steissgegend glatt: Seiten des Körpers und Hinterseite der Schenkel warzig: Oberseite der hinteren Extremitäten schief gebändert; Schnauzenspitze schwach nasenförmig über den Mundrand vorgezogen: Tympanum kleiner als das Auge.

Die von uns untersuchten Exemplare sind durchgängig Männchen und tragen, mit Ausnahme des grössten Exemplares, an dem Innenrande der Tarsen eine breite, dünne, freie Membrane; bei dem grössten Exemplare von 13''' in der Körperlänge findet sich statt letzterer nur eine schwach entwickelte Falte vor. Am Metacarpus des Daumens liegen bei den Männchen 2—5 kleine, spitzige Stacheln. Die Zunge ist nur zunächst den Rändern frei, doch variirt die Breite des freien Randtheiles ein wenig. Bei zwei Exemplaren ist die Zunge am hinteren Theile nicht viel weniger frei, als es bei anderen Gattungen mit runder Zunge der Fall ist. Warum Dr. Fitzinger einige Exemplare als *Phyllobates fuscigula* bestimmte, da doch dieselben den breiten Hautlappen am Tarsus zeigen und die Ränder der Finger mit Hautsäumen besetzt sind, ist mir nicht erklärlich. — Sieben Exemplare, von denen zwei leider verdorben sind, aus Brasilien (Umgebung von Rio Janeiro) durch Herrn Zelebor.

Amphibien.

Gatt. PHYLLOBATES BIBR.

Char. *Keine Zähne am Gaumen; Finger und Zehen frei, ohne Hautsäume an den Rändern; Tarsen ohne Membrane; Zunge länglich oder rund, ganzrandig oder seicht eingebuchtet; Tympanum sichtbar.*

1. Art PHYLLOBATES GLANDULOSUS Fitz.

Char. *Kopf dreieckig; Tympanum klein, deutlich sichtbar; Stirne und Schnauze schwach gewölbt, ohne Schnauzenkante; Zunge länglichrund, ganzrandig; Unterkiefer in der Mitte knopfförmig erhöht; Schnauzenspitze nasenförmig über den Mundrand vorgezogen; einige, grössere, längliche Warzen an den Seiten des Körpers zunächst und in der Lendengegend; eine parotidenähnliche Drüse an der Hinterseite der Schenkel zunächst der Aftermündung; zahlreiche kleine Warzen an der Hinterseite der Schenkel, an der Unterseite der Tarsen und an der Fusssohle; zwei ziemlich grosse Ballen am Metacarpus, zwei kleinere am Metatarsus; Gelenkballen an den Fingern stark entwickelt; eine Furche an der Mittellinie des Rückens; Körperfarbe hellbraun, undeutliche kleine braune Flecken an den Seiten des Körpers; Extremitäten an der Oberseite quergebändert.*

Ein kleines Exemplar aus Brasilien, durch R. v. Frauenfeld.

2. Art PHYLLOBATES PERUENSIS n. spec.

Char. *Körpergestalt ähnlich wie bei Hyla arborea; Zunge nahezu rund, hinten seicht eingebuchtet; Tympanum sehr klein, deutlich sichtbar; Schnauze dreieckig, vorne stark abgestumpft, mit mässig entwickelter Seitenkante; Länge des Auges der Stirnbreite nachstehend; Zügelgegend eingedrückt; Rücken glatt, braun mit kleinen, rundlichen, helleren Flecken; Bauch, Seiten des Körpers und Unterseite der Schenkel mit zahlreichen, platten Wärzchen; hintere Extremitäten nur mässig lang; zwei Ballen am Metacarpus; ein Vorsprung am Metatarsus; Unterkiefer vorne mit drei schwachen Erhöhungen.*

Ein Weibchen aus Peru (Geschenk des Verfassers).

Gatt. HYLODES FITZ.

Char. *Zähne am Gaumen in länglichen, convergirenden oder gebogenen, nahezu quergestellten Reihen hinter und zwischen den inneren Nasenöffnungen; Tympanum sichtbar; Zunge gross, nahezu herzförmig mit schwach entwickelten Lappen am hinteren, eingebuchteten Rande, oder aber ganzrandig; Finger und Zehen frei; Männchen mit einem inneren Stimmsacke an der Kehle.*

Art HYLODES GÜNTHERI Steind. Batr. Mitth.

Syn. *Euhyas Gravenhorstii* Fitz.

Char. *Kopf zugespitzt, mässig breit; Schnauze lang; Tympanum klein, circa halb so gross wie das Auge; Zunge sehr gross, breit, hinten eingebuchtet; Rostralbinde* *mindestens stellenweise sehr deutlich ausgeprägt, schwärzlichbraun, bis zur Achselgegend, oder noch weiter nach hinten im Bogen bis zur Lendengegend fortgesetzt; Schnauzenkante deutlich entwickelt; eine Hautfalte am oberen und hinteren Rande des Tympanums; häufig einige zugespitzte, comprimirte Würzchen am Mundwinkel; Zähne am Gaumen auf zwei kurzen, stark comprimirten Reihen hinter und zwischen den inneren Nasenöffnungen; häufig weissliche, ziemlich grosse Flecken zwischen den Augen und auf der Oberseite der Schnauze; dunkelbraune, hell gerandete Flecken an der Hinterseite der Waden und auf der Oberseite der Tarsen; mehr oder minder deutlich ausgeprägte Querbinden auf der Oberseite der Schenkel, Waden und an den Seiten des Kopfes; ein intensiv brauner Fleck, der sich zuweilen zu einer Binde verlängert, über der Wurzel der Schenkel an den Lenden, ein zweiter hinter dem Tympanum; zuweilen unregelmässige braune Marmorirungen am Rücken, der bald glatt ist, bald einzelne Warzen mit dunkler Umrandung an der Basis zeigt; häufig zwei convergirende oder halbmondförmig gekrümmte, zarte Hautfalten im Vordertheile des Rückens; stets kleine Wärzchen in grösserer oder geringerer Zahl auf der Stirne und Schnauze, sowie eine zarte, schwach vorspringende Vertebrallinie.*

Diese Art beschrieb ich bereits nach einem einzigen verblassten Individuum in meinen batrachologischen Mittheilungen; sie variirt so bedeutend in der Zeichnung und Färbung des Körpers, dass ich mich entschloss, auf Tafel IV eine Reihe von Varietäten möglichst genau darstellen zu lassen. Ich war anfangs der Meinung, *Euhyas Gravenhorstii* Fitz. mit *Hylodes laticeps* Dum., Bibr. vereinigen zu dürfen (s. Batr. Mitth. p. 7, letzte Zeile), nach genauer Untersuchung der einzelnen Exemplare und nach Vergleichung derselben mit dem Orginalexemplare von *H. laticeps* stellte sich jedoch die Identität ersterer Art mit *Hyl. Güntherii* m. zweifellos heraus. — Das Auge ist gross, die Schnauze circa 1½ mal so lang wie das Auge, dreieckig; sie verschmälert sich rasch nach vorne und ist an der Spitze abgestumpft. Die äusseren Nasenöffnungen liegen genau um eine Augenlänge vor dem Auge und noch einmal so weit von diesem als von der Schnauzenspitze entfernt. — Die hinteren Extremitäten sind sehr lang, schlank; am Kniegelenke befindet sich häufig ein Wärzchen. Die Zügelgegend ist eingedrückt. — Bei einem ganz kleinen Exemplare liegt eine weissliche Querbinde zwischen den Augen und setzt sich seitlich in verticaler Richtung bis zum Oberkieferrande fort. Bei den grösseren Exemplaren löst sich diese Binde in einen oder zwei weisse Flecken auf. Der grosse weisse Schnauzenfleck, der bei zwei Exemplaren deutlich ausgeprägt ist, fehlt bei dem früher erwähnten kleinen Exemplare vollständig und ist bei einem vierten Individuum nur unmittelbar am vorderen Schnauzenabfalle angedeutet, bei einem fünften Exemplare endlich in zwei Flecken aufgelöst, von denen der eine ganz auf der Oberseite der Schnauze, der zweite zunächst und am vorderen Schnauzenabfalle liegt. Der Unterkieferrand ist stets abwechselnd hell und dunkel gefleckt; die dunkeln Flecken bilden die Fortsetzung der Querbinden der Kopfseiten. Die Grundfarbe des Rückens variirt und ist grau oder hellbraun; in der Regel liegen mehr oder minder deutlich ausgeprägte bräunliche Marmorirungen auf der Rückenfläche, nur bei einem Exemplare ist letztere nahezu einfärbig. Die Seiten des Körpers sind sehr undeutlich marmorirt. Die schwärzlichbraune Rostralbinde setzt sich in der Regel hinter dem Auge im Bogen bis zum Bauchrande ununterbrochen fort, löst sich jedoch bei mehreren Exemplaren hinter dem Auge in einzelne Flecken auf. — Sechs Exemplare aus Brasilien, fünf derselben in der Umgebung von Rio Janeiro gesammelt (durch Herrn Zelebor und von Frauenfeld).

2. Art HYLODES MARTINICENSIS Tsch.

Char. Körpergestalt schlank; Schnauze mässig lang; Gaumenzähne in zwei, nach Innen sehr schwach convergirenden, etwas gebogenen Reihen quer hinter den inneren Nasenöffnungen; ein dreieckiger, grosser, brauner Fleck auf der Stirne zwischen den Augen; eine kleine, halbmondförmig gebogene Querbinde auf der Mitte der Schnauzenfläche; Rücken hellbraun, dunkel marmorirt, zuweilen mit einzelnen Wärzchen besetzt; Tympanum deutlich sichtbar, viel kleiner als das Auge; Zunge ganzrandig, hinten breit, halbkreisförmig abgerundet, vorne bedeutend schmäler.

Acht Exemplare von Cuba (Geschenk des Verfassers).

FAMILIE
HYLIDAE GÜNTH.

Char. Querfortsätze des Sacralwirbels platt, dreieckig; keine Parotiden; Zehen mit Schwimmhäuten versehen.

Gatt. LITORIA TSCH.

Char. Körpergestalt gestreckt; Kopf lang, dreieckig, nach vorne allmälig an Breite abnehmend, zugespitzt; Zähne am Gaumen in zwei kleinen Gruppen zwischen den inneren Nasenöffnungen; Haftscheiben klein oder mässig entwickelt; hintere Extremitäten lang, schlank; Finger frei, Zehen zur Hälfte mit Schwimmhäuten versehen; Tympanum deutlich sichtbar; Zunge breit, ganzrandig oder schwach eingebuchtet; erster Finger den übrigen entgegengestellt; Männchen mit einem inneren Kehlsack.

1. Art LITORIA FREYCINETI Dum., Bibr.

Char. Schnauze lang, mit der Spitze über den Mundrand nasenförmig hervorragend; Oberseite der Schnauze und Vorderstirn stets mit einigen kleinen Warzen besetzt; Zunge breit, hinten seicht eingebuchtet; Metatarsus mit einem comprimirten, länglichen Vorsprung des ersten kahnförmigen Knochens; Zehen zur Hälfte durch eine Schwimmhaut verbunden; innerer Tarsenrand mit einer deutlich entwickelten Hautleiste; Metacarpus mit zwei länglichen Ballen; kleine Warzen an der Fusssohle; Rücken bei kleinen Exemplaren glatt, bei grösseren häufig mit kleinen Warzen und kurzen drüsigen Längsfalten besetzt, grau mit länglichen, dunkleren Flecken, welche zuweilen stellenweise in einander fliessen; äussere Narinen in der Mitte der Schnauzenlänge gelegen; Kieferränder und Hinterseite der Schenkel mit weissen Flecken.

Fünf wohlerhaltene Exemplare aus der Umgebung von Sydney, gesammelt von Ritter v. Frauenfeld; ein kleines Exemplar von Neu-Südwales (Geschenk des Verfassers).

2. Art LITORIA NASUTA Gray.

Char. Schnauze zugespitzt, nach vorne über den Mundrand konisch vorspringend; äussere Narinen viel näher zur Schnauzenspitze als zum Auge gelegen: Rücken mit längeren und kürzeren Längsfalten und kleinen Warzen besetzt; eine schwach entwickelte Hautleiste am inneren Tarsenrande: Zehen zur Hälfte durch eine Schwimmhaut verbunden.

Das von uns untersuchte Exemplar trägt am Rücken sechs Längsreihen kürzerer und längerer drüsiger Hautfalten sowie einzelne Warzen, ferner zwei helle Längsbinden, welche durch eine, nach hinten an Breite zunehmende, dunkelgraue Mittelbinde zum grössten Theile von einander getrennt sind. An der Aussenseite der hellen Binden folgt eine viel breitere, dunkle Binde, welche aber nach unten allmälig in die Grundfarbe der Körperseiten übergeht. Vom vorderen Augenwinkel zieht wie bei *Litoria Freycineti* eine helle, schmale Binde zur Wurzel des Vorderarmes. Die dunkle, fast schwarze Zügelbinde setzt sich bis zur Längenmitte der Körperseiten fort und ist vom Auge, dem Trommelfell und in kurzer Entfernung hinter diesem von einem hellen, schmalen Querstrich unterbrochen. Die drüsigen Rückenfalten und Warzen sind schwärzlich eingefasst. Kehle und Brust sind glatt, der Bauch ist mit dicht aneinander gedrängten, rundlichen Warzen besetzt. — Der einzige wesentliche Unterschied zwischen *Lit. nasuta* und *Freycineti* liegt nur in der verschiedenen Entfernung der äusseren Narinen von der Schnauzenspitze; bei erstgenannter Art sind sie viel näher zur Schnauzenspitze als zum vorderen Augenrande gelegen, bei letzterer Art aber ebenso weit von der Spitze der Schnauze als vom vorderen Augenwinkel entfernt; andere constante Unterschiede finden sich nicht vor. — Ein wohl erhaltenes Exemplar von Neu-Südwales (Geschenk des Verfassers).

Dr. Günther bezieht in neuester Zeit auch *Hyla aurea* in das Geschlecht *Litoria*; da jedoch bei manchen Exemplaren dieser so häufig in der Umgebung von Sydney vorkommenden Art der Daumen den übrigen Fingern nicht entgegengestellt, andererseits aber auch bei der Mehrzahl der Exemplare von *Hyla Adelaidensis*, *phyllochroa*, *albomarginata* und selbst bei einigen Exemplaren von *Hyla arborea* der Daumen den übrigen Fingern, wie zuweilen bei *Hyla aurea*, deutlich entgegengestellt ist, so glaube ich *Hyla aurea* wie bisher in dem Geschlechte *Hyla* belassen zu sollen, zumal letztere Art auch in der Körpergestalt, insbesondere in der Form des Kopfes, sowie in der starken Entwicklung der Haftscheiben wesentlich von den *Litoria* abweicht.

3. Art LITORIA COPEI n. sp.

Char. Körpergestalt im Ganzen gedrungener, Kopf an der Basis breiter und nach vorne rascher sich verschmälernd als bei L. nasuta; Schnauze konisch über den vorderen Mundrand verlängert, ohne deutliche Randkante: Zunge gross, länglichrund, am hinteren Rande seicht eingebuchtet mit schwach entwickelten Lappen; Gaumenzähne in zwei Querreihen zwischen den vorderen Rändern der inneren Narinen (bei L. nasuta schwach convergirend): Tympanum deutlich sichtbar, nur wenig kleiner als das Auge: Narinen näher zur Schnauzenspitze, als zum vorderen Augenwinkel gelegen: Rücken und Stirne mit einzelnen, ziemlich grossen,

Amphibien.

länglichen, aber nur schwach erhöhten Warzen besetzt; Bauch- und Unterseite der Schenkel mit dicht an einander gedrängten Würzchen, Kehle und Brust (zum mindesten bei Weibchen) glatt; Warzen an der Unterseite der Tarsen kleiner und minder zahlreich als am Bauche; Zehen zur Hälfte durch eine Schwimmhaut verbunden, welche sich aber als Hautsaum bis zu den länglichrunden Haftscheiben fortsetzt; Hautfalte am inneren Tarsenrande stark entwickelt; Vorsprung des ersten kahnförmigen Knochens klein, konisch; zweites Knötchen am Metatarsus der äusseren Zehen sehr klein, rund; Metacarpus mit drei oder nur zwei Schwielen, von denen die am Metacarpus des Daumens gelegene länglich und sehr schmal ist; eine dunkle, undeutlich abgegrenzte Binde am unteren Rande der Schnauzenkante, hinter dem Auge über und hinter dem Tympanum bis zur Wurzel des Oberarmes fortgesetzt, und am hinteren, vertical gestellten Rande von einer gelben Querbinde begrenzt; eine schmale, helle Binde an den Seitenrändern der oberen Schnauzenfläche, hinter dem Auge über eine drüsige Falte, welche sich ungefähr in halber Länge der Körperseite verliert, hinlaufend; eine helle schmale Binde längs dem vorderen Augenrande schräge nach hinten bis zur Wurzel des Vorderarmes ziehend und nach oben von der hinteren Fortsetzung der dunkeln Schnauzenbinde begrenzt; ein grosser dunkler, dreieckiger Fleck auf der Oberseite der Schnauze, mit einem hellen, kleinen, fast dreieckigen Fleckchen in der Mitte des hinteren, quergestellten Randes (vielleicht der Rest einer hellen Augenbinde); Ränder der Kiefer grau mit gelben Flecken; Rücken und Oberseite der Extremitäten hellgrau mit sehr stark verschwommenen, netzförmigen dunkelgrauen Marmorirungen und zahlreichen schwarzen Pünktchen; Rückenwarzen rostroth; Hinterseite der Schenkel rothviolett mit runden, gelben Flecken; eine gelbe Binde am Oberarm. Ein schönes Exemplar (Weibchen) von Neu-Südwales (Geschenk des Verfassers).

Gatt. HYLA LAUR.

Char. Kopf ziemlich breit, in der Regel oval; Extremitäten schlank; Zunge rundlich, ganzrandig oder seicht eingebuchtet; Gaumenzähne zwischen oder hinter den inneren Nasenöffnungen auf convergirenden, gebogenen oder geradlinigen Leisten; Tympanum deutlich sichtbar; Finger mit oder ohne Schwimmhäute; Zehen stets mehr oder minder vollständig verbunden; Haftscheiben in der Regel stark entwickelt; Gehörtuben deutlich sichtbar; Männchen fast immer mit einem paarigen seitlichen oder einem einfachen Vocalsacke.

1. Art HYLA ALBOMARGINATA Spix.

Syn. *Phyllobius albomarginatus* Fitz. Ausb. d. öst. Naturf. l. c. p. 412, *Phyllobius exanthematicus* Fitz., ibid. p. 413. — *Hypsiboas albomarginatus* Tschudi. — *Hyla insulata* Wied.

Char. Gaumenzähne in zwei, im vordersten Theile gebogenen Reihen, welche mit den Längenachsen nach hinten etwas divergiren; Zunge rundlich, am hinteren Rande seicht eingebuchtet; Oberseite des Körpers und der Extremitäten glatt, mit zahlreichen, mehr oder minder deutlich ausgeprägten, braunen Punkten übersäet; eine Hautfalte an den Seiten des Rückens; die drei äusseren Finger mehr als zur Hälfte durch eine Schwimmhaut verbunden; Zehen mit vollständigen Schwimmhäuten; Auge gross, kugelförmig hervortretend; Tympanum bedeutend kleiner als das Auge; Zügelgegend schwach concav; eine Hautfalte am Aussenrande des Vorderarmes und am inneren und äusseren Tarsenrande; ein Hautläppchen am Kniegelenk; eine quer gelegene Hautfalte vor der Aftermündung; zuweilen eine rostrothe Binde zwischen den Augen (Hyla infulata W.); Bauchseite mit zahlreichen, dicht an einander gedrängten Warzen besetzt; Kehle stets glatt; Brust in seltenen Fällen warzig; Stimmsack der Männchen nur mässig entwickelt, an der Kehle gelegen, paarig, nicht nach aussen vordringend.

Bei den meisten Exemplaren dieser zierlichen, in ganz Brasilien sehr häufig vorkommenden Art finde ich den Daumen den übrigen Fingern deutlich entgegengestellt. — Sieben Exemplare wurden von den Herren Zelebor und von Frauenfeld gesammelt, und zwar in der Umgebung von Rio Janeiro. Dr. Fitzinger bestimmte jene mit nur schwach ausgeprägten Rückenpunkten versehenen Individuen als *Phyllobius albomarginatus*, die übrigen drei aber als *Ph. exanthematicus*.

2. Art HYLA VENULOSA sp. Laur., Dum., Bibr.

Char. Gaumenzähne in zwei quergestellten Reihen zwischen den inneren Nasenöffnungen; Kopf kurz, breit, ziemlich dick; Mundspalte bogenförmig gerundet; Zunge rundlich, hinten seicht eingebuchtet; Tympanum klein, rundlich; Rücken mit feinen, zahllosen Drüsen besetzt; Unterseite des Körpers grobwarzig, gelblich oder schmutzigweiss; eine dicke drüsige Falte zwischen dem hinteren Augenwinkel und der Wurzel des Oberarmes, bei alten Individuen parotidenähnlich sehr stark ausgebreitet und angeschwollen; Extremitäten quergebändert; Rücken bräunlichgrau oder dunkel grünlichgrau im Leben (bei Spiritusexemplaren in der Regel hellgelbbraun) mit einigen dunkleren Zeichnungen, oder runden dunkelbraunen Flecken; junge Individuen mit einer ziemlich breiten Stirnbinde und einem grossen eckigen Flecke am Rücken; Daumen bei Männchen an der Basis stark verdickt und an der Oberseite mit einer schwarzen, sehr fein granulirten Haut überzogen; Schallblasen (bei Männchen) sehr zartwandig, beutelförmig hinter den Ohren vortretend, sehr stark ausdehnbar, schwarzgrün.

Der Rücken gewinnt bei alten Exemplaren, insbesondere bei Weibchen, ob der zahllosen zarten Drüsen, welche in der Rückenhaut wie eingebettet liegen, ein schwammiges Ansehen. Die stets deutlich entwickelte, nach hinten sich ausbreitende Tympanumfalte bildet sich bei grossen Individuen zu einer Parotide aus, welche ebenso stark, ja noch stärker entwickelt ist, als bei *Calamites cyaneus*; man könnte daher *Hyla venulosa* mit ebenso viel Recht generisch von *Hyla* trennen, wie *Calamites cyaneus*, da letztere Art in der Jugend gleichfalls nur eine drüsige Tympanumfalte zeigt. Die Haftscheiben sind sehr stark entwickelt, rundlich, im Leben blassgrün und der Daumen ist den übrigen Fingern nicht selten deutlich entgegengestellt. Das Auge ist sehr gross, stark hervorragend, das Sehloch oval und horizontal, die Iris blassgelb oder grüngolden mit vielen schwarzen Punkten und Linien. Der seitlich vortretende Stimmsack der Männchen hat eine beutelförmige Gestalt, ist unendlich zartwandig und lässt sich bei Exemplaren von kaum 3" in der Körperlänge bis zur Grösse einer Kirsche aufblasen. Der Ruf der Männchen ist sehr laut und tieftönend und gleicht einem langgezogenen *t* mehrere Male wiederholten woang. Nimmt man ein Exemplar in die Hand, so überzieht sich der Körper mit einem milchweissen, sehr klebrigen Schleime, der sich an die Finger wie Vogelleim anlegt. — Diese brasilianische Art hält sich auf Bäumen und auch in Häusern unter den Dächern auf.

3. Art HYLA EUPHORBIACEA Günther.
(an *H. arborea* var.?)

Char. Gestalt und Zeichnung des Körpers wie bei Hyla arborea L.: Finger frei, Zehen nur bis zum vorderen Ende des ersten Gliedes durch eine Schwimmhaut verbunden.

Von dieser Art besitzt das Wiener Museum ein wohlerhaltenes Exemplar mit einer schwärzlichen Seitenbinde aus den Cordilleras; es stimmt genau mit Dr. Günther's Beschreibung und Abbildung von *H. euphorbiacea* überein. Ob aber die etwas geringere Entwicklung der Schwimmhaut zwischen den Zehen hinreicht, letztgenannte Art von *H. arborea*, mit der sie in allen übrigen Charakteren übereinstimmt, specifisch zu trennen, lasse ich dahingestellt sein. Sollte ein zweites, auffallend grosses Exemplar, welches wenigstens nach Fitzinger's Etiquettirung (ohne Artbestimmung) aus Costaricca von Herrn Dr. v. Scherzer eingesendet wurde, in der That aus jenen Gegenden stammen, so wäre an dem Vorkommen von *Hyla arborea* in Central-Amerika und dem benachbarten Mexiko nicht zu zweifeln, und *Hyla euphorbiacea* könnte höchstens als eine Varietät von *H. arborea* betrachtet werden. — Leider aber finde ich so häufig in der früher von Dr. Fitzinger verwalteten batrachologischen und herpetologischen Abtheilung des Wiener Museums die Etiquetten der Präparatengläser mit dem Inhalte der letzteren im vollsten Widerspruche, dass ich bei Mangel eines Orginalzettels von Seite des Herrn Dr. Scherzer das erwähnte Prachtexemplar von *Hyla arborea* (aus Costaricca?) ganz unberücksichtigt lassen muss.

3. (a) Art HYLA CHINENSIS Günther.

Syn. *Hyla arborea* var. *chinensis* Günther, Batrach. salient. pag. 108, pl. 9, fig. 6. — *Hyla chinensis* Günther, Rept. Brit. Ind. pag. 436.

Char. Körpergestalt wie bei Hyla arborea L.; die dunkle Rostralbinde hinter dem Auge bis zur Wurzel des Oberarmes sich erstreckend; einige dunkelbraune Flecken auf hellem Grunde an den Seiten des Rumpfes und an der Hinterseite der Oberschenkel; Rücken grün oder bläulich; Tympanum = $\frac{1}{3}$ des Umfanges eines Auges; Schwimmhaut zwischen den Zehen tief eingebuchtet, doch als schmaler Saum bis zu den Haftscheiben reichend; schwach entwickelte Hautleistchen an den Seitenrändern der Finger; ein Schwimmhautrudiment zwischen den zwei äusseren Fingern.

Ein Exemplar aus Amoy, durch Herrn Consul Swinhoe. An diesem kleinen, von uns untersuchten Individuum zeigen sich auch kleine, bräunliche Flecken an der Aussenseite der Unterschenkel und an der Oberseite der Tarsen; eine dunkle Linie trennt nach aussen die bläuliche oder grünliche Färbung an der Oberseite der Waden von der gelblichweissen Unterseite. Bauch und Unterseite der Oberschenkel sind mit kleinen Wärzchen dicht besetzt; eine schwärzliche Querlinie am oberen Rande der Afterspalte. Nach meiner unmassgeblichen Ansicht wäre *Hyla chinensis* nur als Farbenvarietät von *Hyla arborea* Lin. zu betrachten.

4. Art HYLA RUBRA Daud.

Syn. *Dendrohyas rubra* Fitz. Ausb. l. c. p. 413.

Char. Gaumenzähne in zwei kleinen Gruppen zwischen den inneren Nasenöffnungen: Finger frei; Tympanum klein, rund; Zunge am hinteren Rande seicht eingebuchtet; Rückenseite braun oder grau mit einem dreieckigen Stirnflecke; Rücken mit gebogenen, halbmondförmigen, paarigen Längsbinden, welche sich zuweilen an der Mittellinie des Rückens berühren.

Drei kleine, wohlerhaltene Exemplare aus Brasilien, durch Herrn Zelebor.

5. Art HYLA PERONII Dum., Bibr.

Syn. *Dendrohyas Peronii* Fitz., l. c. p. 413.

Char. Kopf kurz, dick, an der Basis ziemlich breit; Schnauzenkante stark abgerundet; Mundspalte bogenförmig; Gaumenzähne in zwei kurzen, quergestellten Gruppen zwischen den inneren Narinen; Finger mit sehr schwach entwickelter Schwimmhaut; eine, bei alten Exemplaren stark ausgebildete Falte zwischen dem hinteren Augenwinkel und der Wurzel des Oberarmes; Metacarpus mit drei Ballen; Vorsprung des ersten kahnförmigen Knochens länglich; ein zweites kleines Knötchen an dem entgegengesetzten Rande der Fusssohle; innerer Tarsenrand mit einer stark entwickelten Hautfalte; eine Querfalte an der Brust; Rücken bräunlich olivenfarben mit kleinen schwärzlichbraunen, verschwommenen Flecken oder Marmorirungen; intensiv braune, viel grössere, unregelmässige Flecken oder Marmorirungen an den Seiten des Körpers, insbesondere in der Lendengegend und an der Hinterseite der Schenkel; zahllose kleine, plattgedrückte Warzen am Bauche, an den Seiten des Rumpfes, an Kehle und Brust, sowie an der Unterseite der Schenkel; einzelne orale Würzchen am Rücken, insbesondere an der oberen Augendecke und auf der Schnauze.

Ein kleines Exemplar von Sydney, durch Herrn Zelebor; ein zweites grosses Individuum von Neu-Südwales (Geschenk des Verfassers).

6. Art HYLA LESUEURII Dum., Bibr.

Syn. *Euscelis Lessonii* Fitz. Ausb. l. c. p. 413.

Char. Gaumenzähne in zwei quergestellten Gruppen zwischen den inneren Nasenöffnungen; Tympanum rund, klein; Finger frei; eine drüsige Falte zwischen dem hinteren Augenwinkel und der Wurzel des Oberarmes, nach hinten an Breite zunehmend; eine Gruppe von Warzen hinter den Mundwinkeln; eine Querfalte an der Brust; Zunge rundlich, hinten schwach eingebuchtet; Seiten des Körpers und zuweilen auch die Steissgegend des Rückens mit sehr kleinen

Wärzchen besetzt; Kehle glatt; Bauch mit dichtgedrängten Warzen; Männchen ohne Stimmsack; Vorsprung des ersten kahnförmigen Knochens oval; ein kleines Knötchen an dem entgegengesetzten Rande der Fusssohle; Daumen bei Männchen verdickt, mit einem schwarzen Striche am Aussenrande, den übrigen Fingern öfters deutlich entgegengestellt und mit einem grossen Ballen am Metacarpus versehen; zwei, zuweilen zusammenfliessende Ballen am Metacarpus der übrigen Finger; eine Hautfalte am inneren Tarsenrande; Rücken an Spiritusexemplaren blaugrau, eine schwärzliche Binde an der Drüsenfalte des Trommelfelles, zuweilen auch am Schnauzenrande; kleine schwärzliche Flecken in der Lendengegend; dunkle Flecken oder Marmorirungen, welche kleinere helle Flecken umschliessen, an der Hinterseite der Schenkel.

Drei grosse, wohlerhaltene Exemplare aus der Umgebung von Sydney, gesammelt von Ritter v. Frauenfeld.

7. Art HYLA AUREA Less.

Syn. *Hyla jacksoniensis* Dum., Bibr. — *Auletris jacksoniensis* Fitz., l. c. p. 413. — *Ranoidea resplendens* Girard, Un. St. Expl. Exp. Herpet. pag. 48, pl. III, figs. 7—12 (Variat.).

Char. Kopf mässig breit, oval; Gaumenzähne in zwei, sehr schwach nach hinten convergirenden Reihen oder Gruppen zwischen den inneren Nasenöffnungen; Zunge gross, länglichrund, hinten zuweilen ziemlich tief eingebuchtet; Finger frei; eine zarte Hautfalte am inneren Tarsenrande; Vorsprung am Metatarsus der ersten Zehe länglich, klein; Daumen bei Männchen stark verdickt, den übrigen Fingern sehr häufig entgegengestellt; Männchen mit einem paarigen Kehlsack; eine weisse, schmale Binde an jeder Seite des Rückens, eine schwärzliche Binde am Schnauzenrande; ein weisser Streif vom vorderen Augenwinkel unter dem Auge und Tympanum bis zur Achsel ziehend; Rücken einfärbig olivengrün oder himmelblau, zuweilen mit goldbraunen oder hellgelben Flecken und Längsbinden geziert.

Drei grosse Exemplare von Sydney, durch Ritter v. Frauenfeld.

8. Art HYLA PHYLLOCHROA Günth.

Syn. *Calamites cyaneus* Fitz., part., Ausb. etc. p. 413.

Char. Kopf breit, Schnauze kurz; Tympanum kleiner als das Auge, nicht vollkommen deutlich sichtbar; Gaumenzähne in zwei kleinen, rundlichen Gruppen zwischen den hinteren Rändern der inneren Nasenöffnungen; Zunge länglich oder kreisrund, hinten sehr seicht eingebuchtet; ein Schwimmhautrudiment zwischen den zwei äusseren Fingern; zwei Schwielen am Metacarpus; ein Vorsprung am Metatarsus; Männchen mit einem Kehlsack; Daumen bei Männchen an der Basis verdickt, mit einem dunkeln Streifen am Aussenrande; Rücken vollkommen glatt, grün oder blau; eine weisse Linie vom Schnauzenrande bis zur Achsel reichend, nach unten von einer schwärzlichen Linie begleitet; eine drüsige Falte zwischen dem hinteren Augenwinkel und der Achselgegend; Bauch und Kehle mit dicht-

gedrängten, kleinen Wärzchen; zuweilen undeutlich ausgeprägte, helle Flecken an der Oberseite der hinteren Extremitäten.

Zwei kleine Exemplare, ein Männchen und ein Weibchen aus der Umgebung von Sydney, durch Ritter v. Frauenfeld; ein zweites Paar von Neu-Südwales (Geschenk des Verfassers).

9. Art HYLA EWINGII Dum., Bibr.

Char. *Körpergestalt schlank; Schnauze breit konisch über den vorderen Mundrand hervorragend; Gaumenzähne in zwei quergestellten kleinen Gruppen etwas hinter den inneren Nasenöffnungen; Tympanum nur halb so gross wie das Auge; Zunge gross, rundlich, am hinteren Rande seicht eingebuchtet; eine drüsige Falte über dem Trommelfell; eine stark entwickelte bogenförmig gekrümmte Querfalte an der Brust; eine Hautfalte am inneren Tarsenrande; Finger frei; Vorsprung des ersten kahnförmigen Knochens länglichrund; Bauch und Unterseite der Schenkel mit dichtgedrängten, platten Wärzchen; eine ziemlich breite Längsbinde zwischen der Schnauzenspitze und der Achsel; Rücken und Oberseite der Extremitäten graubraun mit zahllosen dunkleren, äusserst zarten Pünktchen und Strichelchen netzförmig überzogen.*

Ein Weibchen (Geschenk des Verfassers) von Neu-Südwales. Die Zehen sind an unserem Exemplare fast nur zur Hälfte durch eine Schwimmhaut verbunden, doch setzt sich letztere als schmaler Saum bis zu den Haftscheiben an den Rändern der Zehen fort.

10. Art HYLA CASTANEA n. sp.

Char. *Körpergestalt schlank; Kopf zugespitzt; Schnauze lang, ohne deutlich vorspringende Kante; Tympanum kleiner als das Auge; Haftscheiben klein, rundlich; Finger frei, Zehen vollständig durch eine weite Schwimmhaut verbunden; Daumen bei Männchen sehr stark an der Basis verdickt, den übrigen Fingern entgegengestellt; Gelenkballen schwach entwickelt; Vorsprung des ersten kahnförmigen Knochens länglich, klein; eine paarige Hautfalte am inneren Tarsenrande; eine sehr schwach angedeutete dünne Falte über dem Trommelfelle; Gaumenzähne auf zwei kurzen, hohen, convergirenden Leisten zwischen den inneren Nasenöffnungen; Mündungen der Eustachischen Tuben weit; Zunge gross, länglichrund, am hinteren Rande seicht eingebuchtet; Rücken glatt, kastanienbraun, sammtähnlich, mit undeutlichen, dunkleren, runden Flecken; Seiten des Rumpfes und der Extremitäten wässerigschwärzlich mit unregelmässigen, grossen, weissen Flecken und Marmorirungen mit schwarzer Umrandung; Bauchfläche, Unter- und zum Theile auch die Hinterseite der Schenkel warzig, weiss; Männchen mit einem einfachen Kehlsacke, Kehle bei Männchen schwarz marmorirt, warzig.*

Ein grosses Exemplar (Männchen); Fundort unbekannt [*]).

---

[*]) Das von mir in den Batrach. Mittheilungen als *Hyla spinosa* Steind. beschriebene Exemplar ist ein Weibchen, und zeigt keine Spur einer Rückentasche; hat überhaupt nicht die geringste Ähnlichkeit und Beziehung zu *Notodelphis orifera*, wie Dr. Günther vermuthet.

Gatt. TRACHYCEPHALUS Dum., Bibr.

Char. Oberseite der Kopfknochen in der Regel mehr oder minder rauh, granulirt, mit oder ohne knöcherne Leisten; Gaumenzähne auf zwei quergestellten, oder gebogenen, nach hinten convergirenden Leisten zwischen den inneren Nasenöffnungen: Haftscheiben stark entwickelt; Finger mit mehr oder minder schwach entwickelten Schwimmhäuten; Zehen nahezu oder ganz vollständig durch eine weite Schwimmhaut verbunden; Zunge gross, länglich oder rund, ganzrandig oder sehr seicht am hinteren Rande eingebuchtet: Tympanum deutlich sichtbar: Männchen mit seitlichen Stimmsäcken; Weibchen ohne Rückentasche.

A. Gaumenzähne auf zwei quergestellten Leisten, Oberseite des Kopfes ohne knöcherne Kämme *(Trachycephalus s. strict.)*.

1. Art TRACHYCEPHALUS MARMORATUS Bibr.

Char. Kopf dreieckig, vorne abgestumpft: Oberseite des Kopfes zart und gleichförmig granulirt; Gaumenzähne auf zwei, nur durch einen schmalen Zwischenraum von einander getrennten Leisten in geringer Zahl: Schnauzenkante deutlich entwickelt: Zügelgegend concav: Männchen mit kleinen Eingängen zu den seitlich gelegenen Stimmsäcken: Daumen an der Wurzel (Metacarpus) bei Männchen sehr stark verdickt, mit einem schwarzen, fein granulirten Überzuge an der Aussenfläche: ein Schwimmhautrudiment zwischen den zwei äusseren Fingern: Rücken grau, mit dunkleren Marmorirungen: Extremitäten quer gebändert: Bauch mit dicht an einander gedrängten Warzen übersäet, Rücken nur mit einzeln stehenden Warzen besetzt.

Das Wiener Museum besitzt fünf Männchen dieser Art aus Cuba, und bei jedem derselben ist der Daumen den übrigen Fingern deutlich entgegengestellt.

2. Art TRACHYCEPHALUS GEOGRAPHICUS Dum., Bibr.

Syn. *Trachycephalus nigromaculatus* Tsch. — *Tr. marmoratus* Steind., Batr. Mittheil. p. 5, Taf. IX, Fig. 3.

Char. Kopfgestalt im Längendurchschnitte halbkreisförmig; Tympanum kleiner als das Auge: Oberfläche des Kopfes mit gröberer Granulirung oder radienförmig auslaufenden zarten Streifen: Stirne bei alten Exemplaren stark concav: Schnauzenkante bei jungen Individuen stumpf, bei alten scharf ausgeprägt: Männchen mit grossen Schallblasen, die weit nach aussen vordringen; Rücken mit scharlachrothen (bei Spiritusexemplaren rothbraunen) Flecken und Marmorirungen: Bauch, Seiten des Rumpfes und Unterseite der Schenkel grobwarzig: die drei äusseren Finger zunächst der Basis durch eine Schwimmhaut verbunden: Haftscheiben stark entwickelt.

Brasilien.

B. Gaumenzähne in zwei gebogenen, nach hinten divergirenden Reihen, Oberfläche des Kopfes mit scharfen knöchernen, langen Kämmen *(Osteocephalus* Fitz., Steind.).

3. Art TRACHYCEPHALUS (OSTEOCEPHALUS) TAURINUS spec. Fitz.

Steind. Über zwei noch unbesch. *Batrach.*, Arch. p. l. Zoologia, Tom. II., Fasc. I., pag. 17, Tab. IV, Fig. 1—3.

Char. Kopf bogenförmig granulirt, breit; Oberseite der Kopfknochen rauh, nicht mit der Kopfhaut innig verbunden; Knochenkamm an der Oberseite des Kopfes, am vorderen Augenwinkel entspringend, paarig, schwach verkehrt f-förmig gekrümmt, nach hinten etwas convergirend; Schnauzenkante scharf hervortretend; Zügelgegend stark concav: die drei äusseren Finger zur Hälfte, Zehen vollständig durch eine weite Schwimmhaut verbunden; Oberfläche des Körpers, Kehle und Brust glatt, Rücken hell gelbbraun mit wenigen dunkelbraunen, kleinen Flecken; Seiten des Bauches dicht braun gefleckt; Augen gross, kugelförmig hervorragend: Trommelfell kreisrund, etwas kleiner als das Auge.

Diese seltene, merkwürdige Art erreicht eine sehr bedeutende Grösse und wurde bereits von mir in dem 2. Bande, Fasc. 1 des Archivio per la Zoologia 1862 ausführlich beschrieben und abgebildet. — Brasilien (Barra do Rio negro).

4. Art TRACHICEPHALUS (OSTEOC.) FLAVOLINEATUS Steind.

(Arch. p. l. Zoologia Tom. II, Fasc. I, pag. 80.)

Char. Kopfgestalt im Umrisse halbkreisförmig, Oberseite der Kopfknochen unregelmässig fein granulirt, mit der darüber liegenden Haut nicht verschmolzen; Stirnleisten fast in gerader Richtung und parallel zu einander nach hinten laufend; Schnauzenkante stark entwickelt, Zügelgegend concav: eine dicke Falte zwischen dem hinteren Augenwinkel und der Achsel; sämmtliche Finger mit seitlichen Hautleisten, die drei ersteren Finger überdies zunächst ihrer Basis durch eine Schwimmhaut verbunden: Zehen mit vollständiger Schwimmhaut, Haftscheiben stark entwickelt; Bauchseite grob-, Rückenseite feinwarzig: eine gelbe Vertebrallinie zwischen der abgestumpften Schnauzenspitze und der Aftermündung; Rücken grünlich-olivenfarben mit schwärzlichen Flecken, Extremitäten an der Oberseite mit abwechselnd schmäleren und breiteren Querbinden.

Ein grosses Exemplar (Weibchen) von Cocuy in Brasilien. An dem von uns untersuchten Exemplare zeigt die Kopfhaut im Abdrucke die zahlreichen feinen Granulirungen der Knochen, ohne jedoch mit der Oberseite derselben innig verbunden zu sein; vielleicht mag dieses aber bei jungen Individuen vorkommen.

Gatt. OLOLYGON FITZ.

Char. Finger und Zehen vollkommen frei: Zunge gross, herzförmig, am hinteren Rande sehr schwach eingebuchtet: Gaumenzähne in zwei schwach convergirenden oder quergestellten Gruppen zwischen und etwas hinter den inneren Nasenöffnungen: Tympanum deutlich sichtbar: Querfortsätze des Sacralwirbels breit, platt: Männchen ohne Kehlsack; Finger- und Zehenenden in die Quere ausgedehnt, angeschwollen, mit undeutlich entwickelten Haftscheiben.

Amphibien.

Art OLOLYGON ABBREVIATUS Fitz.
(Ausb. d. öst. Naturf. l. c. p. 413.)

Syn. *Hyla abbreviata* Spix sec. Fitz.

Char. Kopf breit, flach; Schnauze vorne stark abgestumpft; Tympanum kleiner als das Auge; eine schwach entwickelte Hautfalte am inneren Tarsenrande; Metacarpus mit zwei grossen Ballen; Metatarsus mit zwei mässig ausgebildeten Vorsprüngen; Rücken mit grossen, unregelmässigen, breiten, Extremitäten mit regelmässigen, schmäleren Querbinden von schwärzlichgrauer Färbung; Seiten des Körpers marmorirt; zahlreiche Stachelchen am grossen Ballen des Metacarpus des Daumens und am vorderen Ende der Oberseite desselben Knochens, zuweilen auch an der Aussenseite des ersten Daumengliedes, ferner am Innenrande des zweiten Fingers bei Männchen; Rücken bei Weibchen glatt, bei Männchen mit einigen ganz kleinen Warzen besetzt; Unter- und Hinterseite der Schenkel mit kleinen, dicht an einander gedrängten, abgeplatteten Wärzchen; Kehle, Brust und Bauch, mit Ausnahme des hintersten Theiles des letzteren, ganz glatt; sehr schwach entwickelte Hautleisten an den Seitenrändern der Zehen, eine drüsige Falte zwischen dem hinteren Augenwinkel und der Wurzel des Oberarmes.

Die Körpergestalt ist *Hyla*-ähnlich, bei alten Individuen bedeutend gedrungener als bei jungen Exemplaren. Die Ende der Zehen und Finger sind in die Breite ausgezogen, vorne quer abgestumpft, die Haftscheiben sind nur schwach entwickelt; überhaupt stimmt diese Art in der Gestalt der Finger- und Zehenenden ganz genau mit *Kaloula pulchra* Gray, Günth. überein und aus diesem Grunde glaube ich das Geschlecht *Ololygon* mit demselben Rechte zu den *Hylidae* stellen zu sollen, als *Kaloula pulchra* von Dr. Günther den *Hylaedactylidae* eingereiht wird. — Schwimmhäute fehlen zwischen den Fingern und Zehen und selbst die Verbindungshaut der Metatarsusknochen ist sehr tief eingebuchtet. Die Länge der vorderen Extremitäten gleicht circa $^2/_3$ der Körperlänge, die der Hinterfüsse dagegen beträgt $1^3/_4$ Körperlängen. Die Zehen sind sehr lang; die dritte Zehe ist ein wenig länger als die fünfte; die vierte fast $1^2/_3$mal so lang wie die dritte. Der erste Finger ist ebenso lang oder nur unbedeutend länger als der zweite und etwas kürzer als der vierte. Bei den Weibchen entwickelt sich an den Rändern der Zehen ein schmaler Hautsaum, der bei den Männchen nur äusserst schwach angedeutet ist. Die beiden Schwielen an der Flachhand, sowie die Gelenkballen sind stark ausgebildet; der Vorsprung des ersten kahnförmigen Knochens ist länglich, nicht scharfrandig, von keiner auffallenden Grösse, das Tuberkel am inneren Metatarsusrande kleiner als erstgenannter Vorsprung. — Der Kopf zeigt eine dreieckige, ziemlich stark deprimirte Gestalt, die Stirne ist breit und flach, die Schnauze vorne abgestumpft, die Zügelgegend concav. Die Gaumenzähne sitzen auf zwei länglichen oder dreieckigen Höckern, welche nur sehr schwach nach hinten convergiren, oder vollkommen quer gestellt sind. Die kleinen Oberkieferzähne stehen dicht neben einander. Auf der Mitte des Unterkiefers bemerkt man eine kleine, zahnähnliche Erhöhung. Die Zunge ist gross, breit, herzförmig und am hinteren Rande schwach eingebuchtet. Die kleinen, äusseren Nasenöffnungen liegen noch einmal so weit vom vorderen Augenwinkel als von der Schnauzenspitze entfernt; die Stirnbreite übertrifft ein wenig die Länge eines Auges. Die bogenförmige Mundspalte ist etwas breiter als lang; das Tympanum liegt über und etwas hinter dem Mundwinkel und ist circa 1½—1⅔mal in der Augenlänge enthalten. — Die weit nach hinten mündenden Gehörtuben sind enger als die inneren Nasenöffnungen. — Die Rückenhaut ist dünn, bei den Weibchen glatt, bei den Männchen gleich den Seiten des Kopfes mit schwach entwickelten Wärzchen besetzt. An den Seiten des Rumpfes liegen stets zahlreiche, plattgedrückte Wärzchen dicht neben einander, ebenso an der Unterseite der Schenkel und im hintersten Theile des Bauches. Eine drüsige Falte läuft von dem Mundwinkel, eine zweite vom hinteren Augenwinkel über das Tympanum zur Achsel.

Die Rückenseite des Körpers ist bei Spiritusexemplaren fleischfarben. Quer über den mittleren Theil des Rückens und über die Stirne ziehen breite schwarzgraue oder braune, mehr oder minder regelmässige, viereckige Binden hin; die Seiten des Körpers sind marmorirt oder gefleckt; die Oberseite der Extremitäten quer gebändert. Eine schwärzliche schmale Binde erstreckt sich längs der Schnauzenkante und der drüsigen Tympanumfalte bis zur Achsel. Die Bauchseite ist zuweilen ganz verschwommen blassbraun marmorirt. — Vier wohlerhaltene Exemplare aus Brasilien.

FAMILIE PHYLLOMEDUSIDAE Günth.
(Fam. *Phyllomedusidae* et *Pelodryadidae* Günth.)

Char. Querfortsätze des Sacralwirbels dreieckig, platt, Parotiden mehr oder minder deutlich entwickelt; grosse Haftscheiben an den Enden der Finger und Zehen, Zähne am Gaumen und Oberkiefer.

Gatt. CALAMITES Wagl.

Syn. *Hyla* spec. Dum., Bibr., Cuv. — *Calamites* Wagl. — *Calamita* Tsch., Fitz. — *Pelodryas* Günth.

Char. Zähne am Gaumen in zwei schwach convergirenden Gruppen zwischen den inneren Nasenöffnungen; Tympanum deutlich sichtbar; Zunge gross, rund, am hinteren Rande schwach eingebuchtet; Daumen den übrigen Fingern entgegengestellt, Finger und Zehen mehr oder minder vollständig durch Schwimmhäute verbunden; Vorsprung des ersten kahnförmigen Knochens länglich, nicht stark entwickelt; Männchen mit einem inneren Kehlsack; eine parotidenähnliche, stark entwickelte Drüsenanschwellung über dem Tympanum.

Art CALAMITES CYANEUS spec. White.

Syn. *Rana coerulea* White. — *Hyla cyanea* Daud., Cuv., Schleg., Dum., Bibr. — *Calamita cyanea* Tsch. — *Calamites cyaneus* Fitz. Ausb. l. c. p. 413.

Char. Kopf gewölbt, Stirne breit; Mundspalte weit, breiter als lang; hinter dem Auge über dem Tympanum eine mehr oder minder stark entwickelte, parotidenähnliche Drüse; Schnauze vorne stark abgestumpft, fast vertical oder bogenförmig zum vorderen Mundrande abfallend; äussere Nasenöffnungen ganz nahe an den Seiten des vorderen Schnauzenabfalles unter der stumpfen Schnauzenkante gelegen, um eine Augenlänge vom vorderen Augenwinkel entfernt; Tympanum rundlich, mehr oder minder gross, doch stets kleiner als das Auge; Rückenhaut fein granulirt; Bauch und Seiten des Rumpfes mit kleinen, dichtgedrängten Warzen; Haftscheiben stark entwickelt, grösser an den Fingern als an den Zehen; Finger stets mit schmalen Hautsäumen an den Seitenrändern: dritter und vierter Finger bei alten Exemplaren zur Hälfte, bei kleinen zum dritten Theile durch eine Schwimmhaut verbunden, Schwimmhaut zwischen dem zweiten und dritten Finger rudimentär, oder wie zwischen dem ersten und zweiten Finger fehlend; Zehen zur Hälfte oder (bei alten Exemplaren) bis zu den Haftscheiben mit Schwimmhäuten versehen; eine häutige Falte am inneren Tarsenrande, und am Vorderarme bis zum Ellbogengelenk: Oberseite grün oder blau; Bauch weisslich, zuweilen einzelne weisse Flecken an den Seiten des Rumpfes und an der Aussenseite des Oberarmes, sowie eine weisse schmale Längsbinde am Unterkieferrande oder am hinteren Theile des Oberkieferrandes.

Bei zwei Exemplaren ist äusserlich nicht die geringste Spur einer parotidenähnlichen Drüse über dem Tympanum sichtbar, nur eine mässig entwickelte Falte zieht von dem hinteren Augenrande zu der Achselgegend, während bei zwei grossen Exemplaren über dem Tympanum eine starke, drüsige Anschwellung nach Art einer Parotide entwickelt ist. — Zwei Exemplare aus der Umgebung von Sydney, durch Ritter v. Frauenfeld, vier aus Neu-Südwales (Geschenk des Verfassers); ein auffallend grosses Prachtexemplar und ein ganz junges Individuum, angeblich von Amboina (von Fitzinger als *Racophorus Reinwardtii* bestimmt).

Gatt. PHYLLOMEDUSA Wagl.

Char. *Finger und Zehen frei, erster Finger und die beiden ersten Zehen den übrigen entgegengestellt; Gaumenzähne in zwei, mehr oder minder stark convergirenden Gruppen zwischen den inneren Nasenöffnungen; Tympanum klein, nicht ganz deutlich sichtbar; Zunge gross, länglich, nach hinten an Breite zunehmend, bald ganzrandig, bald seicht eingebuchtet; Männchen mit einem inneren Kehlsack; Ohrdrüse mehr oder minder stark entwickelt.*

Art PHYLLOMEDUSA BICOLOR Wagl.

Syn. Rana bicolor. Bodd. — Calamita bicolor Schneid. — Hyla bicolor Latr., Cuv. — Phyllomedusa bicolor Wagl., Dum., Bibr. — Phyllom. Boiei Fitz. Ausb. l. c. p. 412.

Char. *Kopf breit; Stirne flach, bei jungen Individuen stark gewölbt, Schnauze vorne abgestumpft; Oberseite des ganzen Körpers im Leben blassgrün oder dunkel grünlichgrau, bei Spiritusexemplaren blau; Seiten des Rumpfes und der Extremitäten, zuweilen auch die Kehle mit grossen weissen oder orangerothen Flecken geziert; eine reinweisse Linie an den Kieferrändern, mit schwarzen Punkten nach unten gesäumt; Bauchseite schmutzig-weiss, warzig; eine weisse Linie an der Aussenseite des Unterarmes und der Tarsen; eine weisse, erhabene Linie quer vor der Aftermündung.*

Bei zwei kleinen Weibchen von 1″ 5‴ in der Körperlänge finde ich nicht die geringste Spur einer Parotide und selbst die Falte zwischen dem hinteren Augenwinkel und der Achsel ist kaum angedeutet, während bei drei grossen Weibchen von 2″ 3‴—3″ Länge die Parotiden auffallend stark entwickelt sind und bei einem derselben bis zur Gegend des Sacralwirbels zurückreichen. — Drei Weibchen aus Brasilien. Johann Natterer sammelte mehrere Exemplare in Cuyaba und Caiçara.

Sectio D. HYLAPLESIFORMIA.
(Sect. *Hylaplesina* Günth.)

Char. Finger und Zehen in Haftscheiben endigend, keine Zähne im Oberkiefer.

FAMILIE
HYLAEDACTYLIDAE GÜNTHER.
(*Hylaedactylidae* et *Brachymeridae* Günther.)

Char. Körpergestalt krötenähnlich, gedrungen; Querfortsätze des Sacralwirbels breit, platt; keine Parotiden.

Gatt. KALOULA GRAY.

Syn. *Hylaedactylus* Tsch., Dum., Bibr. — *Plectropus* Dum., Bibr. sec. Günther.

Char. Körpergestalt gedrungen, Extremitäten kurz; Kopf klein mit kurzer Schnauze; eine scharfrandige Querleiste hinter den inneren Nasenöffnungen und zwei quere, häutige Falten im hinteren Theile des Gaumens, die erste hinter der Augengegend, die zweite vor dem Ösophagus; Tympanum undeutlich; Zunge gross, oval, ganzrandig, an den Seitenrändern frei; Metatarsus mit zwei stark entwickelten Tuberkeln; Rückenhaut glatt; Enden der Finger bedeutend erweitert, in die Quere ausgedehnt, abgestumpft; Zehenenden cylindrisch angeschwollen, oder mit schwach entwickelten Haftscheiben versehen; Männchen mit einem inneren Kehlsack; Finger frei; Zehen mit schwach entwickelten Schwimmhäuten.

1. Art KALOULA BALEATA sp. Müll.

Syn. *Hyladactylus baleatus* Tsch., Dum., Bibr.

Char. Kopf klein, kurz, im Umrisse gerundet; Schnauze stark abgestumpft; Rücken gewölbt, braun, zuweilen hell gefleckt und mit Warzen besetzt; weissliche, ziemlich grosse Flecken an der Hinterseite des Oberarmes und zunächst der Wurzel der Oberschenkel; eine Falte an den Seiten des Körpers, zuweilen auch eine zweite Falte, quer über die Brust und eine dritte über die Stirne laufend; Bauchseite hell- und dunkelbraun marmorirt, und mit kleinen, sehr flachen, zahlreichen Würzchen versehen.

Fundorte: Java, Ceylon.

2. Art KALOULA PULCHRA Gray.

Char. Schnauze sehr stumpf und kurz; Rücken mässig gewölbt, braun oder grau mit einem grossen, fast dreieckigen dunkleren Flecke, welcher nahezu die ganze Rückenfläche einnimmt und dessen vorderes quer abgestutztes schmäleres Ende über der Stirne liegt; eine dunkle Binde an den Seiten des Rückens zwischen dem hinteren Augenwinkel und den Lenden: Seiten des Rumpfes und Oberseite der Extremitäten marmorirt oder gebändert: Bauchseite mit zahllosen, sehr kleinen Wärzchen besetzt: Rücken ganz glatt oder mit einzelnen, etwas grösseren Wärzchen versehen.

Ein Prachtexemplar aus Ceylon; zwei kleine Exemplare (Geschenk des Verfassers) von Celebes *).

ORDNUNG
BATRACHIA APODA.
Schleichenlurche.

Gatt. RHINATREMA DUM., BIBR.
Art RHINATREMA UNICOLOR, Aug. Dum.

(Catal. Méth. Coll. Batrac. (Mém. Société imp. Scienc. nat. Cherbourg, t. IX, 1863) pag. 27, pl. I, Fig. 6 et 7.

Ein Exemplar aus der Umgebung von Rio Janeiro durch Herrn Ingenieur Tóth.

Gatt. EPICRIUM WAGLER.
Art EPICRIUM GLUTINOSUM.

Syn. *Caecilia glutinosa* Linné, Mus. Adolph. Frid. pag. 19, Tab. 4, Fig. 1; Syst. Nat. Ed. XII, pag. 393; Laurenti, Synops. Rept. pag. 65; Daudin, Shaw etc. — *Epicrium Hasseltii* Wagler, Isis. 1828, pag. 743. — *Epicrium glutinosum* Dum., Bibr. Erpét. gen. t. VIII, pag. 286; Günther, Rept. Brit. Ind. pag. 441.

Zwei Prachtexemplare von bedeutender Grösse aus Cochinchina.

Alphabetisch-geordnetes Verzeichniss
der beschriebenen Gattungen und Arten.

Adenomera, Seite 37.
   marmorata, 37.
Brachycephalus, 35.
   ephippium, 35.
Breviceps, 38.
   verrucosus, 38.
Bufo, 39
   asper, 44.
   biporcatus, 43.
   calamita, 40.
   celebensis, 44.

Bufo
   margaritifer, Seite 47.
   marinus, 45.
   melanostictus 42.
   nasutulus, 45.
   ornatus, 46.
   pantherinus, 41.
   spinipes, 43.
   spinulosus = rubro-
      punctatus, 42.
   viridis, 40.

   vulgaris, Seite 39.
Calamites, 66.
   cyaneus, 66.
Calyptocephalus, 14.
   Gayi, 15.
Ceratophrys, 26.
   Boiei, 26.
Crossodactylus, 52.
   Gaudichaudii, 52.
Cryptotis, 30.
   brevis, 30.

---

*) In Fitzinger's Catalog der Ausbeute der österreichischen Naturforscher an Reptilien wird auch *Bufo vertebralis* Smith und *Plectropus pictus* Dum., Bibr. namentlich angeführt; unter den von mir übernommenen Batrachiern der Novara-Sammlung befand sich jedoch kein Exemplar dieser beiden seltenen Arten.

Cyclorana, Seite 29.
  novae Hollandiae, 29.
Cystignathus, 22.
  fuliginosus, 25.
  labyrinthicus, 23.
  ocellatus, 22.
  typhonius, 24.
Diplopelma, 36.
  pulchrum, 36.
Discoglossus, 28.
  pictus, 28.
Epicrium, 69.
  glutinosum,
Eupemphix, 37.
  Nattereri, 37.
Gomphobates, 11.
  fuscomaculatus, 12.
  Kröyeri, 11.
  marmoratus, 12.
  notatus, 11.
Heliorana, 32.
  Grayi, 32.
Hyla, 57.
  albomarginata, 57.
  aurea, 61.
  castanea, 62.
  chinensis, 59.
  euphorbiacea, 59.
  Ewingii, 62.
  Lesueurii, 60.
  Peronii, 60.
  phyllochroa, 61.
  rubra, 60.
  venulosa, 58.
Hylarana, 47.
  erythraea, 48.
  malabarica, 48.
Hylodes, 53.
  Güntheri, 53.
  martinicensis, 55.

Hyperolius, Seite 50.
  Bocagei, 51.
  Horstockii, 50.
  Idae, 52.
  madagascariensis, 51.
  marmoratus, 50.
Kaloula, 86.
  balcata, 86.
  pulchra, 86.
Leiopelma, 33.
  Hochstetteri, 33.
Limnodynastes, 25.
  Kreftii, 26.
  Salmini, 27.
  tasmaniensis, 26.
Lisapsus, 49.
  limellum, 50.
Litoria, 55.
  Copei, 56.
  Freycineti, 55.
  nasuta, 56.
Mixophyes, 10.
  fasciolatus, 10.
Ololygon, 64.
  abbreviatus, 65.
Opisthodon, 9.
  Frauenfeldii, 9.
Phyllobates, 53.
  glandulosus, 53.
  peruensis, 53.
Phyllomedusa, 67.
  bicolor, 67.
Pipa, 5.
  americana, 6.
Pleurodema, 13.
  Bibronii, 13.
  elegans, 14.
Pohlia, 15.
  palmipes, 15.
Polypedates, 49.

  quadrilineatus, Seite 49,
Pseudophryne, 34.
  Bibronii?, 34.
Pterophrynus, 30.
  fasciatus, 31.
  varius, 31.
Pyxicephalus, 7-
  adspersus, 7.
  cordofanus, 7.
  Delalandii, 7.
Racophorus, 49.
  Reinwardtii. 49.
Rana, 16.
  cyanophlyctis, 20.
  esculenta, 16.
  fuscigula, 17,
  gracilis, 18.
  hexadactyla, 19.
  porosissima, 18.
  tigrina, 17.
Rhinatrema, 69.
  unicolor, 69.
Rhinoderma, 35.
  Darwinii, 35.
Strongylopus, 21.
  fasciatus, 21.
  Grayi, 21.
Systoma, 36.
  marmoratum, 36.
Trachycephalus, 63.
  flavolineatus, 64.
  geographicus, 63.
  marmoratus, 63.
  taurinus, 64.
Uperolia, 33.
  marmorata, 33.
Xenopus, 4.
  laevis, 4.

Erklärung der Tafel I.

Fig. 1. *Opistodon Frauenfeldii,* Steind.
    2.   Mund.
    3.   Vorderfuss.
    4.   „   Hinterfuss.
    5. *Pohlia palmipes,* Steind.
    6.   Mund.
    7.   Vorderfuss.
    8.   Hinterfuss.
    9. *Rana porosissima,* Steind.
  10.   Unterseite des Kopfes und der Brust; *a)* Schlitzöffnung zum Austritte der Stimm-säcke.
  11.   Mund.
  12.   Vorderfuss.
  13.   Hinterfuss.
  14. *Rana tigrina,* Daud., var. *pantherina* Fitz.
  15.   Mund.
  16.   Vorderfuss.
  17   Hinterfuss.
  18. *Cystignathus (Eupsophus) fuliginosus,* Fitz.
  19.   Unterseite.
„ 20.   Mund.
  21.   Vorderfuss.
  22.   Hinterfuss.

Novara Exp. Zoolog. Theil Bd. I Amphibien von Steindachner. Tab. I

Erklärung der Tafel II.

Fig. 1. *Pterophrynus varius*, Pet.
" 2.   Unterseite.
" 3.   var.
" 4.   Mund.
" 5.   Vorderfuss.
" 6.   Hinterfuss.
" 7. *Cyclorana Novae Hollandiae*, Steind.
" 8.   Mund.
" 9.   Vorderfuss.
" 10. "   Hinterfuss.
" 11. *Heliorana Grayi*, Steind.
" 12.   Mund.
" 13.   Vorderfuss.
" 14.   Hinterfuss.
" 15. *Diplopelma pulchrum*, Hall.
" 16.   Mund.
" 17.   Vorderfuss.
" 18.   Hinterfuss.
" 19. *Hyperolius marmoratus*, Rapp, var.
" 20.   var.
" 21.   Mund.
" 22.   Vorderfuss.
" 23.   Hinterfuss.

Erklärung der Tafel III.

Fig. 1. *Phyllobates glandulosus,* Fitz.
" 2. Mund.
" 3. Vorderfuss.
" 4. Hinterfuss.
" 5. *Adenomera marmorata,* Fitz.
" 6. Mund.
" 7. Vorderfuss.
" 8. " Hinterfuss.
" 9. *Hyla? castanea,* Steind.
" 10. Unterseite.
" 11. Mund.
" 12. Vorderfuss.
" 13. " Hinterfuss.
" 14. *Litoria Copei,* Steind.
" 15. Mund.
" 16. Vorderfuss.
" 17. " " Hinterfuss.
" 18. *Hyla venulosa,* Daud., adult.

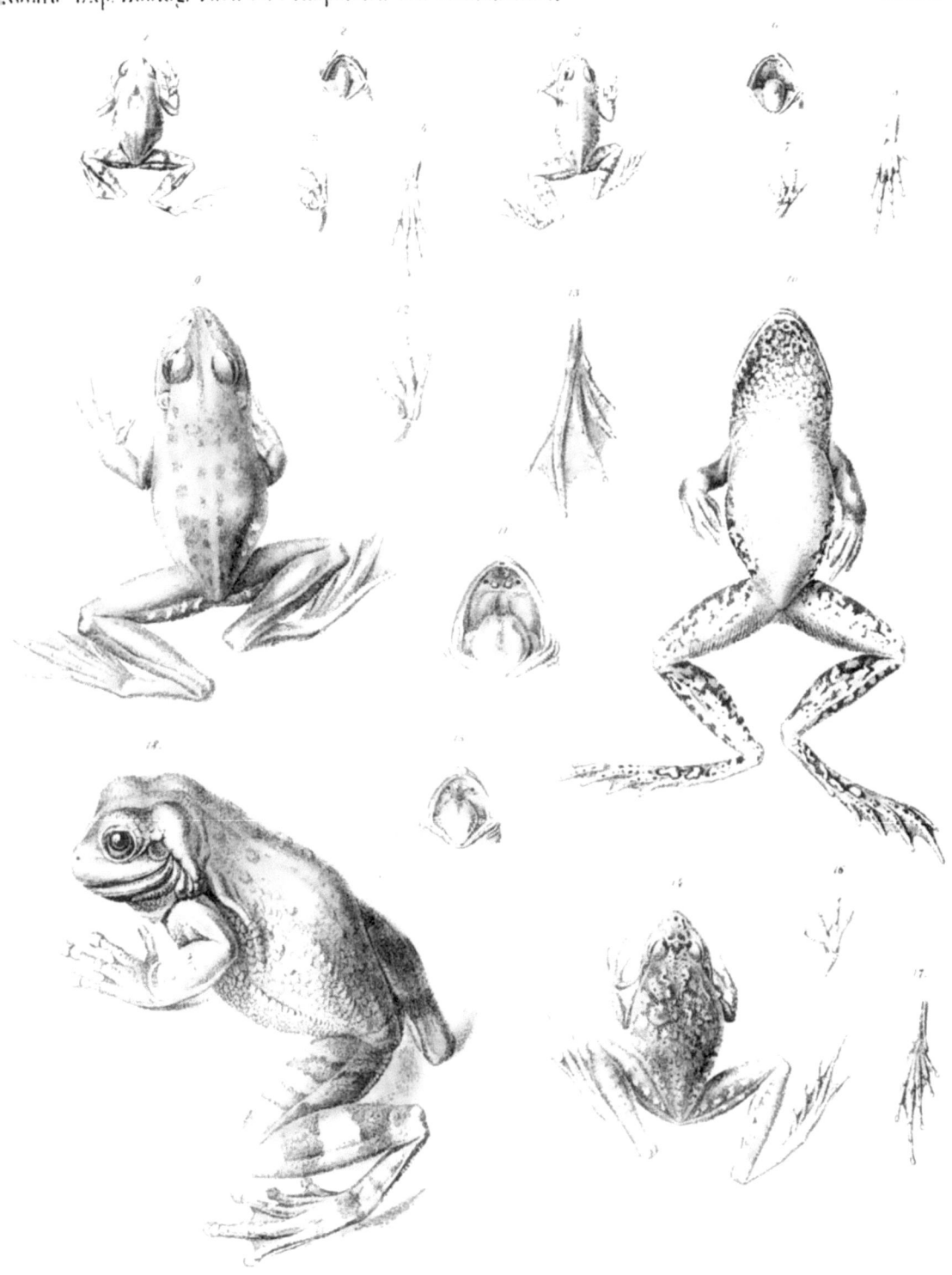

Novara Exp. Zoolog. Theil Bd I Amphibien von Steindachner. Tab. III

Erklärung der Tafel IV.

Fig. 1. *Hylodes Güntheri,* Steind.
" 2. " var.
" 3. " var.
" 4. " var.
" 5. " Mund.
" 6. " Vorderfuss.
" 7. " Hinterfuss.
" 8. *Phyllobates peruensis,* Steind.
" 9. " Mund.
" 10. " Vorderfuss.
" 11. " " " Hinterfuss.
" 12. *Limnodynastes Salmini,* Steind.
" 13. " Mund.
" 14. " Vorderfuss.
" 15. " Hinterfuss.
" 16. *Ololygon abbreviatus,* Fitz.
" 17. " Mund.
" 18. " Vorderfuss.
" 19. " Hinterfuss.

Erklärung der Tafel V.

Fig. 1. *Pseudophryne Bibronii*, Günth.
     2.   „   Unterseite.
     3. *Pterophrynus fasciatus*, Steind.
     4.   Unterseite.
     5. *Cystignathus labyrinthicus*, Spix, Vorderfuss eines Männchens von der Unterseite.
     6. *Bufo spinipes*, Fitz.
     7.   Hinterfuss.
     8. *Breviceps verrucosus*, Rapp.
     9.   Vorder-Ansicht des Kopfes.
   10. *Hyperolius Idae*, Steind.
   11.   *Bocagei*, Steind.
   12. *Kaloula pulchra*, Gray.
 „ 13.   Hinterfuss.
   14. Sacralwirbel von *Calyptocephalus Gayi*.
   15.   *Pleurodema elegans*.
   16.   *Eupemphis Nattereri*.
   17.   *Pleurodema Bibronii*.
   18.   *Hemisus guttatam*.
   19.   *Lisapsus limellum*.